R.E.P. JOHN LENNON

Catalogage avant publication de Bibliothèque et Archives nationales du Québec
et Bibliothèque et Archives Canada

Vintze, Annie
R.E.P. John Lennon
(Crypto)
Pour les jeunes de 12 ans et plus.
ISBN 978-2-89770-085-0
I. Titre. II. Collection : Crypto.

PS8593.I57R2 2017 C843'.6 C2017-940516-0
PS9593.I57R2 2017

Dépôt légal – Bibliothèque et Archives nationales du Québec, 2017
Bibliothèque et Archives Canada, 2017

Direction éditoriale : Sylvie Roberge
Direction littéraire et artistique : Maxime P. Bélanger
Révision : Josée Latulippe
Conception de la couverture : Dorian Danielsen
Mise en pages : Mardigrafe

Financé par le gouvernement du Canada | Canada

Conseil des arts du Canada Canada Council for the Arts

Nous remercions le Conseil des arts du Canada de l'aide accordée
à notre programme de publication.

Cet ouvrage a été publié avec le soutien de la SODEC.
Gouvernement du Québec – Programme de crédit d'impôt pour l'édition de livres –
Gestion SODEC.

bayard CANADA

Bayard Canada Livres
4475, rue Frontenac, Montréal (Québec) Canada H2H 2S2
edition@bayardcanada.com
bayardjeunesse.ca

Imprimé au Canada

Offert en version numérique
numérique
978-2-89770-086-7
bayardjeunesse.ca

Annie Vintze

R.E.P. JOHN LENNON

bayard
CANADA

1

Quatorze ans... enfin ! Il m'est impossible d'ignorer cette sensation géniale qui m'habite depuis ce matin : avoir vieilli d'un an ! Je ne sais trop si je dois remercier mes parents ou plutôt leur répondre un « ce n'est pas trop tôt » bien senti lorsqu'ils m'annoncent, sur un ton digne d'une remise de prix Nobel :

— Joyeux anniversaire, Renaud ! me dit ma mère en m'embrassant sur le front comme si j'avais encore six ans.

— Tu auras ton cadeau ce soir au souper et tu pourras t'en servir seulement si tes notes restent en haut de la moyenne, ajoute mon père d'un ton autoritaire, en me donnant une tape sur l'épaule en guise de souhait d'anniversaire.

Ils font tout un mystère autour de mon cadeau de fête, alors que c'est facile de deviner qu'il s'agit d'un téléphone intelligent en regardant la boîte emballée qui traîne sur le comptoir. En plus, j'ai entendu ma mère au téléphone se renseigner sur les différents forfaits. Pendant que je me verse un verre de jus d'orange, elle ajoute :

— Et j'espère que tu vas être content... au prix que ça coûte !

Je ne l'écoute déjà plus, trop pressé d'aller enfin m'installer devant mon écran pour me renseigner sur les différents jeux et applications que je pourrai télécharger. Je vais enfin posséder cet objet tant convoité, comme plusieurs élèves de ma classe qui en ont un depuis belle lurette. Moi, j'ai dû patienter jusqu'à aujourd'hui pour que mes parents daignent enfin m'autoriser à communiquer efficacement avec mes amis.

Ils se font tellement de soucis pour rien ! Évidemment, ce n'est pas que je parle ou que je texte quelques personnes qui les inquiète, c'est plutôt le temps passé sur mon téléphone qui pose problème. Ça fait évidemment des lunes que j'utilise Internet chez moi ou chez mes amis. Je ne vois pas en quoi le fait d'avoir désormais le tout à portée de main peut soudainement devenir dangereux pour ma santé mentale ! Cette méfiance exagérée de la part de mes parents est vraiment agaçante. Ils sont trop préoccupés par les supposés dangers d'Internet ou des médias sociaux. Pourtant, ils passent eux-mêmes beaucoup de temps sur leurs tablettes à cause de leur travail, entre autres, mais aussi pour lire le journal ou même des romans.

Ma mère est prof de linguistique à l'université. Elle ne peut s'empêcher de m'expliquer l'origine de chaque mot nouveau qui entre à la maison. Quant à mon père, c'est pire : il est psychologue à la commission scolaire. Il me donne toujours des exemples de cas d'adolescents qui se sont mis les pieds dans les plats en envoyant des photos compromettantes avec leur téléphone... comme si j'allais faire la même chose !

Imaginez un peu le cocktail quand les deux se liguent contre moi pour me mettre en garde contre les méfaits de la cybercommunication ! Enfin, à force d'insister, je leur ai fait comprendre qu'envoyer une photo ou un message par téléphone ne me transformerait pas en un individu asocial, incapable de lever les yeux de son écran. Je leur ai promis de ne pas passer trop de temps à jouer et de faire mes devoirs quand même. J'ai aussi ajouté que ce serait très pratique pour eux aussi, car ils pourraient me joindre en tout temps, peu importe où je me trouve.

C'est probablement ce dernier argument qui les a convaincus. Ils ont fini par céder.

— Pas avant ton quatorzième anniversaire, avait spécifié ma mère. Et ne t'organise pas pour le perdre ou te le faire voler, parce que le prochain, tu devras le payer toi-même !

Mon père avait ajouté, essayant d'être convaincant :

— Et tes devoirs ? J'ai des clients qui passent des heures à jouer à des insignifiances comme écraser des bonbons ou catapulter des oiseaux, et qui se retrouvent avec des cours d'été à cause de cela ! En plus, ça va sûrement nuire à tes entraînements !

Ce dont il parle, c'est la natation. Depuis qu'un entraîneur sans doute un peu trop zélé a fait remarquer à mon père que j'étais particulièrement doué pour ce sport, je m'entraîne tous les matins à la piscine de mon quartier. Résultat : dix mois par année, je me lève à l'aube et, pour me réveiller complètement, je m'élance de tout mon long dans l'eau glacée. J'exécute ensuite d'interminables longueurs de piscine, encouragé par mon entraîneur qui me hurle des bêtises de toutes sortes dès que mon rythme diminue un tant soit peu.

Ces séances de torture quotidienne sont heureusement bénéfiques à quelques points de vue. D'abord, je suis particulièrement en forme comparativement aux gars de mon âge. Aussi, le bord de ma fenêtre est rempli de trophées et de médailles dont je suis assez fier. Finalement, je pense que les sacrifices que m'impose la pratique de ce sport sont compensés par l'agréable sensation que me procurent les victoires.

Il est donc vrai que la natation occupe une place prépondérante parmi mes activités et que mes temps libres se font plutôt rares, sauf en cette période de l'année suivant les championnats nationaux, car enfin... JE SUIS EN CONGÉ !

Bref, malgré cette kyrielle de menaces ridicules qui pesaient sur leur fiston chéri, mes parents ont abdiqué il y a environ six mois, ne réussissant qu'à repousser l'échéance jusqu'à aujourd'hui.

Heureusement, j'ai pu me familiariser avec les différentes utilisations des téléphones intelligents grâce, entre autres, à mon ami Serge, qui habite dans un appartement tout juste en face de chez moi. Il vit avec sa mère qui tire le diable par les cornes, depuis qu'elle a pris le taureau par la queue. Où serait-ce l'inverse ?

Donc, Sylvie, la mère de Serge, travaille au salaire minimum dans un magasin à grande surface, où les employés se fendent en quatre pour faire face à leurs obligations en dépit de leur salaire ridicule. Cela explique que Serge, qui porte le prénom désuet de son père invisible, a généralement sur le dos des vêtements plutôt défraîchis qui semblent tout droit sortis d'une friperie. Il se promène sur une bécane mal en point, trouvée dans la ruelle à leur arrivée dans le quartier. En revanche, à l'école, il a de la chance, car il n'a pas à se déguiser en uniforme bicolore, comme moi qui fréquente un collège privé !

C'est d'ailleurs un peu grâce à son vélo ridicule et à son allure bizarre que nous avons fait connaissance, il y a quelques années. Je l'avais croisé quelques fois sur le trottoir, sans plus, jusqu'au jour où j'ai cru bon ne pas m'occuper de mes affaires. En attendant l'autobus scolaire, j'ai vu deux gars de seize ou dix-sept ans le faire tomber de son vélo et essayer de lui voler son argent de poche. Sans trop réfléchir, je suis intervenu et me suis retrouvé avec le nez et l'orgueil en compote. Néanmoins, j'étais content d'avoir tenté quelque chose et, depuis cet incident, Serge et moi sommes devenus inséparables.

Mon ami a le bonheur d'aller à l'école publique, ce qui fait qu'il a toujours plein de trucs à me raconter sur ce qui se passe entre les murs de béton de cette intrigante bâtisse rectangulaire. Chose certaine, ils n'ont pas l'air de s'ennuyer, à son école ! Il a toujours tout plein d'anecdotes à raconter. Au collège, c'est souvent moi qui m'efforce de créer les anecdotes. C'est tellement ennuyant que je m'applique à trouver des façons de... détendre l'atmosphère... Je me retrouve donc assez régulièrement au bureau du directeur, en essayant vainement d'expliquer comment les fleurs en plastique ont bien pu prendre en feu dans le corridor, ou encore comment des photos de filles déguisées en Ève ont bien pu se retrouver dans le manuel du prof de morale !

Cependant, ce qui est encore plus génial avec Serge, hormis sa débrouillardise et sa bonne humeur, c'est qu'il dispose d'une voisine hors de l'ordinaire. Celle-ci habite l'appartement du sous-sol dans le même immeuble que lui. Sa mère est une Américaine qui a récemment décidé de s'installer au Québec. Madame Lane travaille comme interprète, mais ce qui compte vraiment, c'est qu'elle a une fille de treize ans aux extraordinaires cheveux blonds, nommée Penny.

2

Heureusement, grâce à Serge, j'ai pu passer du temps en ligne. En effet, en plus d'habiter à côté de la plus belle fille du quartier, mon ami possède un téléphone ainsi qu'un ordinateur pour lui seul. À première vue, cela peut sembler incompatible avec les vêtements démodés et le vélo rouillé... Eh bien, pas du tout ! Car Serge a développé, au cours de toutes ses années de vache maigre, un sens inné pour obtenir ce dont il a besoin, envers et contre tout.

Par exemple, l'hiver dernier, il a participé à un concours organisé dans le cadre du festival des sciences de son école. Avec du matériel électronique de base, il a réussi à mettre au point un mécanisme permettant de faire le tri automatiquement parmi les matières recyclables. Son système est tellement ingénieux que le directeur songe à implanter ces espèces de barils à la cafétéria de l'école. Tout ce qu'on y insère par une ouverture unique se trouve automatiquement trié, selon qu'il s'agisse de métal, de plastique, de papier ou de verre.

Bref, Serge a gagné le premier prix : un ordinateur et un téléphone intelligent. Et puis, comme il travaille les samedis au lave-auto de son oncle, il gagne suffisamment d'argent pour payer le coût de son forfait.

Donc, presque chaque jour, après l'école, pendant cette heure bénie où mes parents ne sont pas encore arrivés et où ma petite sœur de six ans, Éléonore, est au service de garde, je me réfugie chez Serge où nous pouvons nous amuser en paix.

Parfois, Penny vient nous rejoindre et en profite pour envoyer quelques messages à ses amies du New Jersey, où elle habitait jusqu'à l'année dernière. Elle nous dérange un peu avec ses bavardages de filles, mais disons que nous lui pardonnons, à cause de son petit sourire espiègle et de ses cheveux de Barbie. Et puis, il y a ses yeux... ce regard envoûtant qui vous transperce, vous fige sur place et vous laisse sans mots. Elle a cette façon de nous regarder de côté qui lui donne l'air de tout comprendre bien plus vite que nous, les gars... C'est peut-être simplement que nous perdons nos moyens quand elle est là. Notre cerveau est si occupé à la trouver belle qu'il n'arrive plus à penser correctement. Nos neurones cèdent leur place aux hormones ! Aussi, Penny possède un petit chien terrier gris nommé Pepper, qui a pris Serge en affection. Quand nous en avons assez des jeux en ligne, nous l'emmenons se balader et le laissons courir dans le terrain vague derrière l'épicerie.

Mais, aujourd'hui, je suis chez moi, sur l'ordinateur, pour me renseigner sur les applications et les jeux que je pourrai télécharger dès ce soir. Comme j'ai hâte ! J'ai à peine le temps de mettre l'ordinateur en marche que j'aperçois Serge traversant la rue, un paquet à la main. J'entends ma mère lui ouvrir la porte et lui signifier que je me trouve dans le bureau. Il entre, comme toujours, un peu intimidé par la taille de notre maison. Il n'est pas venu souvent, car nous préférons nettement la liberté qui règne chez lui, sans les tapis persans et les bibelots coûteux rapportés de voyage par mes parents.

— Bonne fête, dit-il, un peu embarrassé.

Il me tend le paquet. Ses yeux bleus clignent derrière ses lunettes comme s'ils étaient incommodés par sa frange brune, trop longue, qui descend sur ses paupières. Il m'explique :

— Je l'ai fait moi-même, lors de mon séjour au camp spatial.

C'est vrai ! J'avais oublié qu'il a séjourné au camp spatial, le chanceux. Moi, je visitais les châteaux de la Loire avec mes parents pendant ce temps-là... Tandis que certains explorent la technologie et sont tournés vers l'avenir, d'autres s'extasient sur le passé ! Intrigué, je déballe fébrilement le paquet et en extirpe un étui protecteur pour téléphone peint en divers tons de gris, avec de petits cercles dessinés çà et là autour d'un gros rond jaune.

— C'est le système solaire !

J'avoue ne pas avoir compris tout de suite. Serge est assurément plus un scientifique qu'un artiste, mais je suis sûr qu'il a mis plusieurs heures pour faire le dessin. Il se lance dans une explication compliquée :

— J'ai fabriqué l'étui à partir de matériel utilisé pour confectionner les scaphandres des astronautes. Il paraît que ça peut protéger les données des téléphones contre les champs magnétiques et l'activité électrostatique. Mais regarde encore, il y a autre chose dans la boîte.

Cette fois, je trouve une souris d'ordinateur accompagnée de son tapis. Elle aussi est peinte en gris et sur le tapis rond, on reconnaît les diverses planètes du système solaire.

— Mais où as-tu pris ça ?

— Euh... à vrai dire, j'ai trouvé la souris dans un bac de recyclage. Elle ne fonctionnait plus. Comme j'ai appris des nouvelles notions au camp, j'ai réussi à la réparer en utilisant des matériaux qui nous avaient été fournis pour nos activités. Ce sont des amalgames de plastique et des alliages conçus pour les satellites qui fonctionnent dans l'espace ! Te rends-tu compte ?

J'examine mes cadeaux sous toutes leurs coutures. J'espère que l'étui conviendra à mon modèle de téléphone. Serge semble avoir deviné mes pensées et m'explique qu'il a calqué les dimensions sur son propre étui protecteur. Mon ami ajoute :

— J'ai découvert une application géniale qui permet d'écrire à des jeunes de n'importe quel pays. J'ai des correspondants en Amérique du Sud, en Europe et même en Asie ! Et c'est gratuit !

C'est sûr que, grâce à Serge, je vais pouvoir expérimenter plein de trucs captivants. Je ne suis pas certain de vouloir, comme lui, me transformer en secrétaire et écrire à des tas de personnes, mais il y a tout plein de jeux qui me plaisent beaucoup. Chose certaine, il en connaît bien plus que mes parents en matière de téléphones cellulaires et d'ordinateurs. Je glisse l'étui dans la poche arrière de mon jean.

— En tout cas, merci, c'est original. J'ai hâte d'avoir mon téléphone. Merci aussi pour la souris, elle est vraiment *cool*. Je vais l'installer immédiatement, dis-je en joignant le geste à la parole.

Je trouve ces cadeaux tout de même un peu bizarres, mais Serge ne fait jamais rien comme les autres. Il a tendance à rendre les choses simples compliquées et il n'a certainement pas peur de relever des défis. C'est sans doute ce qui explique que je m'entende si bien avec lui.

3

Pendant que je m'affaire à l'ordinateur, Serge s'amuse avec mon python, Lastic, qu'il est allé chercher dans ma chambre et a fait sortir de sa cage. Je m'empresse d'aller fermer la porte, ma mère m'ayant juré que mon reptile reprendrait immédiatement le chemin de l'animalerie si elle l'apercevait ailleurs que dans ma chambre. C'est mon parrain qui me l'a offert à Noël, l'année dernière. J'ai trouvé l'idée géniale, car Éléonore a une telle horreur des serpents que ça l'empêche de venir fouiner dans ma chambre. En plus, je lui ai fait croire que j'ai muni la porte de la cage de Lastic d'un système contrôlant l'ouverture à distance. Elle s'imagine qu'il me suffit d'appuyer sur un bouton de ma calculatrice pour libérer le monstre ondulant.

— Épatant, comme système anti-sœur ! dit Serge en m'écoutant lui expliquer mon stratagème.

— Anti-mère aussi, je fais vraiment d'une pierre deux coups !

Mon ami change de sujet, trop intéressé par les possibilités de mon téléphone.

— Tu pourrais installer une application de jeu-questionnaire et on pourrait se lancer des défis ! suggère Serge en enroulant Lastic autour de son cou. Tu pourrais aussi défier d'autres personnes que tu connais.

Je réponds évasivement :

— Bof, j'sais pas. Tu sais, moi, les jeux de chiens savants... tu vas toujours gagner de toute manière... et puis je ne suis pas sûr que mes amis aient le goût de se creuser la tête à répondre à toutes sortes de questions !

J'ai un bon cercle d'amis au collège, mais ils habitent tous loin de chez moi. Je ne les vois donc pas souvent en dehors de l'école. Heureusement, j'ai quelques bons copains au club de natation, comme Sam et Alex, avec qui je fais les quatre cents coups lors des camps d'entraînement. Ça me permet de mettre un peu de côté la discipline stricte exigée par ce sport. Je connais beaucoup d'autres nageurs, c'est certain, mais je les considère surtout comme des rivaux. La compétition est féroce entre les clubs et même au sein de notre groupe. À l'école, c'est différent, je m'entends bien avec la plupart des gens. Et puis, mes amis aiment bien me voir faire le clown de temps en temps. Cependant, après l'école et la fin de semaine, c'est vraiment avec Serge que je passe le plus clair de mon temps.

J'ai très hâte à ce soir. Le monde entier se trouvera enfin disponible sous mes doigts, à toute heure du jour. Je pourrai me lancer tête baissée dans ce labyrinthe, qui cache des découvertes à chaque tournant et des surprises derrière chaque bifurcation.

Distraitement, je lève les yeux. Par la fenêtre du bureau, j'aperçois Penny qui traverse la rue, son petit terrier sur les talons. Elle nous fait signe de venir la rejoindre à l'extérieur. Serge et moi sommes toujours contents quand elle nous accorde un peu d'intérêt, du moment qu'elle n'interfère pas trop dans nos projets.

— Je suis prête, annonce-t-elle triomphalement avec son accent anglais. Pepper peut venir aussi ?

— Venir où ? dis-je, pas trop sûr de comprendre.

Devant mon air intrigué, Serge éclate de rire.

— Quoi, t'es pas au courant ? On va passer l'après-midi au *paintball*. Tes parents ont organisé ça pour ta fête. Je pense qu'ils ont invité d'autres personnes aussi, ajoute-t-il. Tu ferais mieux de laisser Pepper ici, dit-il à l'intention de Penny.

4

Je suis super heureux. Enfin, ils ont eu une bonne idée ! L'année dernière, nous avions passé la journée à geler aux glissades d'eau. Il pleuvait et faisait froid, même si ma fête tombe au début de l'été. Par contre, une partie de *paintball* devrait s'avérer « pas mal *cool* », comme diraient mes parents lorsqu'ils veulent avoir l'air *cool*.

Les voilà justement qui arrivent à côté de la fourgonnette, tenant Éléonore par la main. Mon père a essayé de se déguiser en Rambo. Il a revêtu sa veste de chasse couleur camouflage, avec des pochettes à cartouches sur la poitrine. Il a aussi enfilé un pantalon cargo beige pâle. À voir son air fébrile, on pourrait croire que c'est sa fête à lui. Il me dit en actionnant le déverrouillage des portières :

— Tes amis t'ont mis au courant ? On s'en va à la guerre !

Il fait semblant de tirer sur des ennemis imaginaires à l'aide de son porte-clefs. Ce qu'il peut me faire honte devant mes amis ! Heureusement, ma mère intervient :

— Cesse de faire l'imbécile, Jean-Pierre, tu as l'air ridicule. Et où as-tu déniché ces affreux pantalons ? Je t'ai dit de laisser les jeunes s'amuser entre eux. Je te rappelle que nous allons chez Ballons et Tunnels Aventure avec Éléonore pendant que les jeunes vont faire la guerre.

Sans prêter attention au bavardage de ma mère, il s'installe au volant et nous invite à monter en scandant :

— Vingt-deuxième régiment, en marche ! Le caporal Poirier vous ordonne de le suivre en mission de combat. Et que ça saute !

Nous nous retrouvons donc à passer l'après-midi au front, dans un immense entrepôt converti pour les besoins de la cause en champ de bataille pour apprentis soldats.

Mes parents ont également invité Sam et Alex, ainsi que mes deux cousins. Nous passons l'après-midi à nous bombarder, nous viser, nous tuer, mourir et recommencer. Heureusement, mon père a résisté à l'envie de participer aux hostilités pour nous laisser entre amis. Comme prévu au départ, il a emmené ma sœur dans une aire de jeux avec des modules située tout à côté.

Quant à nous, après avoir avalé une pointe de pizza à la hâte, nous avons continué à fêter en rivalisant sur un circuit de karting intérieur. Ça me donne le goût de conduire une auto quand je me trouve au volant d'une de ces petites voitures de course.

En essayant de dépasser Serge, je l'ai coincé contre le garde-fou. Son pare-chocs s'est ensuite glissé sous la rampe de métal, libérant une profusion d'étincelles. Ils ont dû arrêter les voitures en piste pour venir décoincer mon ami, furieux de se retrouver ainsi acculé contre la rampe. Nous avons tellement ri de son air insulté !

La journée se déroule à une vitesse folle. Heureusement, car malgré toutes ces activités, j'ai bien hâte de manger mon gâteau et d'ouvrir mes cadeaux. Le moment tant attendu arrive enfin avant de quitter le centre. Je reçois de la part de mes amis un certificat cadeau pour un club de trampoline, un autre pour une activité d'escalade, deux nouveaux t-shirts, un casque d'écoute et, bien sûr, un téléphone intelligent de la part de mes parents !

Il est passé vingt-deux heures lorsque nous rentrons à la maison. Serge m'accompagne. J'ai les bras chargés de sacs cadeaux. Je les empile un peu pêle-mêle sur mon lit, et nous descendons en toute hâte nous installer dans le bureau. Il y règne une pénombre opaque qui nous donne l'illusion d'être seuls. Ma mère est montée coucher Éléonore. Quant à mon père, il écoute les nouvelles à la télé dans sa chambre. J'ai donc la paix pour m'approprier mon téléphone. Je commence par installer l'étui protecteur offert par Serge. Il s'adapte parfaitement. Mon ami manipule l'écran, satisfait :

— Tout fonctionne ! C'est bien que ton père ait pensé à le charger.

J'entends ma mère me crier du palier, d'une voix assourdie par l'heure tardive :

— Ne te couche pas trop tard, Ren !

Je lui réponds mon habituel :

— Bien non, maman, lui disant ce qu'elle souhaite entendre.

Je me concentre à nouveau sur mon téléphone. Après avoir passé plusieurs minutes à le configurer à mon goût pour ce qui est de la sonnerie et du fond d'écran, je décide d'installer quelques applications utiles, comme Facebook et Snapchat. Je questionne ensuite mon ami :

— Alors... quelles applications est-ce que je devrais installer, selon toi ?

— À ta place, je commencerais par celles dont je t'ai parlé.

— Ton jeu de questions pièges ?

— Oui, mais aussi celle qui te permet de parler avec des gens des quatre coins du monde. C'est vraiment *cool* !

— T'as pas des jeux ordinaires à me suggérer, tout simplement ?

— Tu vas en trouver plein. Tout le monde les connaît, les jeux. Ce que je te propose est plus... surprenant. Tu ne sais jamais qui est en ligne. Regarde, je vais te montrer. Mais tu dois d'abord choisir un nom d'utilisateur.

Je décide d'inscrire mes initiales, « R » pour Renaud et « P » pour Poirier, suivies de l'adresse de ma maison : « 1940 ». J'attends quelques secondes et je vois s'afficher à l'écran la mention : *Le nom d'utilisateur doit contenir au moins dix caractères.*

— Shnout... il faut que je le rallonge...

— Ne change pas tout, fais juste ajouter une ou deux lettres et chiffres, explique mon ami, en se donnant le ton d'un gars expérimenté.

— Bon, alors j'écris « REP », pour Renaud et Poirier. J'ajoute… « JL » pour Jules et Lastic, mon chat et mon python… Et « 80 », pour l'âge de mon grand-père, dis-je à Serge. Ça donne : Repjl1940-80.

— Tu ne trouves pas ça un peu compliqué ? suggère Serge.

— Si, justement, je veux être certain que ma sœur ne pourra jamais s'en souvenir. Ça fera comme un double mot de passe.

Serge m'enlève le téléphone des mains et en quelques clics me montre comment entrer mon profil d'interlocuteur. Puis, il me redonne l'appareil et se dirige vers la porte.

— Il est déjà onze heures. Je dois rentrer, dit-il à regret. Mais essaie quand même. Le soir, il y a beaucoup d'Asiatiques en ligne, à cause des fuseaux horaires. Pour l'Europe, c'est préférable en matinée.

Je monte à ma chambre, puisque tout le monde est maintenant couché. Je m'installe confortablement sur mon lit après avoir jeté les paquets sur le sol. Jules m'a suivi de près et vient se frotter la tête contre mes mains, quêtant des caresses. Il semble jaloux de mon téléphone. Je le gratte distraitement sous le menton d'une main et tape mon identifiant de l'autre, curieux de voir si quelqu'un souhaite discuter en ligne avec moi. Sait-on jamais, je pourrais me faire inviter à passer l'été dans une forteresse ninja au Japon ou dans un camp de taekwondo en Corée !

Après quelques secondes, une fenêtre rectangulaire s'ouvre à l'écran, me laissant complètement abasourdi. Je peux y lire une invitation à ajouter cette adresse dans mes contacts, ainsi qu'un petit point vert m'invitant à *chater* :

● ***John Lennon*** *wants to chat.*

5

Hi, Renaud! This is John Lennon. Do you speak English ?

C'est à n'y rien comprendre ! Qui est cet inconnu qui me parle en anglais en essayant de se faire passer pour John Lennon, un des Beatles mort il y a au moins trente ans ? J'hésite un peu avant de répondre. Devrais-je jouer le jeu ou immédiatement envoyer paître cet hurluberlu ?

Après une très courte réflexion, la première option me semble la meilleure. Après tout, je ne cours pas un grand risque à répondre à ce farceur. Je vais lui écrire en français. On verra bien. Je tape donc :

Not very much. Je parle français. Vous vous appelez vraiment John Lennon, comme le Beatles ?

Exactement. Heureux de te connaître, Renaud.
Tu habites en France ?

Non, à Montréal, au Québec.

Ah oui ! Montréal, vraiment ?

Vous connaissez ?

Bien sûr, j'y ai fait un *bed-in* en 1969 avec Yoko, à l'hôtel Reine Elizabeth. C'était bien choisi, comme nom d'hôtel, vu que je suis Britannique.

Il me semble avoir vaguement entendu parler de cet événement… Chose certaine, cette réponse me prouve que l'individu en question se prend réellement pour le célèbre chanteur-compositeur. Je me trouve probablement devant un cinglé, un admirateur tellement traumatisé par la mort prématurée de son idole qu'il se prend pour lui.

Il fait complètement noir dans ma chambre. Seule la lueur du petit écran repousse l'obscurité. Je ne peux m'empêcher de fixer intensément les répliques de ce dialogue que j'entretiens avec... un pseudo-mort ! *This is John Lennon...* Comment peut-on ainsi usurper l'identité de quelqu'un, allant même jusqu'à parler de son passage à Montréal avec son épouse japonaise ? C'est complètement débile ! Si seulement Serge n'était pas déjà parti, je pourrais lui demander son avis. Les secondes s'égrènent sans que je ne me manifeste. Je réfléchis, téléphone à la main, quand une ligne s'affiche :

Hello, Renaud ? Tu es encore là ?

Je tape, pas trop sûr de moi :

Où avez-vous appris le français ?

Au lycée Quarry, à Woolton, en banlieue de Liverpool, mais je n'étais pas un bon élève... J'aurais dû écouter ma tante Mimi et travailler mieux, mais bon...

De plus en plus intrigué, je lui demande :

Alors, comment se fait-il que vous écriviez si bien ?

Oh ! parce que, là où je suis, on devient vite polyglotte, me répond-il. Justement, hier, j'ai conversé en français avec Hergé, l'auteur de Tintin. Tu le connais ?

Tintin ? Bien sûr, dis-je. Mais Hergé est mort, non ?

Oh oui ! ça doit bien faire vingt ans qu'il est ici. Donc, j'ai pratiqué mon français avec lui, et aussi l'espagnol avec Pablo Picasso. Il y a beaucoup de célébrités ici, parmi nous.

La situation devient de plus en plus absurde et inquiétante. Non seulement mon interlocuteur se prend pour Lennon, mais il dit discuter en diverses langues avec des personnages qui sont morts depuis des années ! Un long frisson descend soudainement entre mes omoplates, et une irrépressible envie de mettre un terme à cette conversation tout à fait glauque me submerge.

Mais je n'y arrive pas.

Je sens ma langue adopter peu à peu la texture du velcro, alors que les paumes de mes mains s'engluent. J'entends mes pulsations cardiaques résonner au fond de mon crâne pendant que je réfléchis à toute allure... S'agit-il d'un fou ou serait-ce plutôt moi qui suis en train de perdre la raison ?

Et s'il s'agissait vraiment de Lennon ou, plutôt, de son esprit ? Si j'étais malencontreusement ou miraculeusement entré en contact virtuel avec... un mort ?

Entouré par la pénombre et la solitude, la seule clarté me provenant de cet écran aux couleurs célestes, je sens mon imagination prendre peu à peu le dessus sur ma raison. Après quelques interminables minutes, mes doigts ankylosés se dénouent soudainement et écrivent :

Êtes-vous mort ?

6

À la vue de mon message sinistre, je me sens envahi par une trouille effroyable. Dès que j'en ai terminé avec ma question, je ferme le téléphone. Je n'ai pas le courage d'attendre sa réponse. Je préfère essayer de dormir, afin de mettre une bonne nuit de distance entre cette conversation surréaliste et moi.

J'espère juste que j'aurai oublié toute cette folie demain matin et qu'à mon réveil, je m'apercevrai que cette conversation insensée n'a eu lieu nulle part ailleurs que dans un cauchemar. J'essaie de disparaître sous mes couvertures, que je rabats par-dessus ma tête avec l'espoir d'y trouver du réconfort.

Malheureusement, je n'arrive pas à m'évader dans le sommeil. Je suis aussi énervé que si je venais de remporter une étape du Tour de France. C'est peut-être le t-shirt jaune vif dans lequel je dors qui me fait penser à ce défi cycliste. Il n'y a rien à faire, impossible de m'enlever cette conversation de la tête.

Et si mes parents avaient raison ?

Et s'il s'agissait d'un fou à la recherche de jeunes assez naïfs pour croire qu'ils sont en train de *chater* avec nul autre que John Lennon ? Je m'inclus moi-même dans cette catégorie. En effet, même si je sais bien que cela est irréel, je ne peux m'empêcher de douter. Et si c'était possible ? Et si ce téléphone avait quelque chose de particulier ? Peut-être ai-je posé un geste qui, sans le savoir, me permet d'entrer en communication virtuelle avec un esprit ? Après tout, un esprit n'est-il pas justement un être « virtuel » ?

Il faudrait que je me renseigne. Mais auprès de qui ? Sûrement pas auprès de mes parents, qui vont retourner mon appareil au magasin et me conduire de ce pas à l'urgence psychiatrique. Bien sûr, je vais tout raconter à Serge demain, mais de quel secours me sera-t-il ? À moins qu'une chose semblable ne lui soit déjà arrivée... Et puis, j'essaierai encore demain matin d'écrire à quelqu'un, en espérant que tout fonctionnera normalement et que je pourrai me divertir un peu sans risquer de tomber sur un fantôme quelconque.

La lune étire ses rayons jusque sur ma fenêtre et inonde mon rideau d'une couleur blafarde, luminescente. Exaspéré, je me lève et descends la toile, afin d'éliminer toute source de lumière et d'ombre qui m'empêche de dormir.

Jules roupille à mes pieds et je dois me contorsionner pour éviter de le réveiller chaque fois que je me tourne. Je ne voudrais pas qu'il s'en aille. Sa présence me réconforte. Il n'y a rien de plus apaisant que d'observer mon chat qui dort, de sentir sa tiédeur traverser l'édredon et réchauffer mes os transis par la frayeur.

Mes paupières se ferment enfin, tandis que dans ma tête les notes harmonieuses d'une ballade se fraient un chemin jusqu'à mes oreilles. C'est John Lennon lui-même qui m'endort au son d'*Imagine*[1].

---

1. *Imagine* est une ballade très connue, composée et interprétée par John Lennon en 1971. Selon le magazine *Rolling Stone*, elle se classe au 3e rang des 500 meilleures chansons de tous les temps. Dans cette ballade, il invite les gens à s'imaginer un monde vivant en paix, en harmonie.

7

Je me réveille en sursaut alors que j'entends la voix flûtée d'Éléonore provenant de la cuisine. Jules a disparu, sans doute pour aller déjeuner lui aussi. Je me lève, bien décidé à raconter mon cauchemar à Serge dès son réveil. En attendant, je vais essayer de trouver des renseignements sur Lennon en consultant l'ordinateur.

Je descends donc l'escalier en catimini afin de ne réveiller personne. Cependant, j'aperçois ma mère assise devant le bureau, en train de corriger des piles de copies. Manifestement, elle ne s'attendait pas à me voir debout à cette heure-là et me demande si je suis tombé du lit.

— Non, non… c'est Éléonore qui m'a réveillé. Tu pourrais lui dire d'arrêter de crier pour rien !

— Elle est petite, laisse-la s'exprimer. Et toi, on dirait que tu grognes quand tu parles... Tu articulais si bien à quatre ans, et maintenant on ne comprend plus rien.

Quand va-t-elle donc cesser de me faire des reproches ? C'est systématique, elle trouve toujours une raison pour me sermonner : « As-tu fait tes devoirs ? As-tu mis de la crème solaire ? Tu as encore laissé traîner ton sac d'école dans le salon ! Arrête d'agacer ta sœur !... » Bref, les sujets ne manquent pas. Je l'interromps, afin de savoir à quel moment je pourrai utiliser l'ordinateur. Je suis curieux d'en apprendre un peu plus sur John Lennon.

— Tu en as pour longtemps ? J'ai besoin de l'ordi.

— Encore une heure ou deux. C'est un mémoire de maîtrise sur Balzac. Je dois lire plusieurs pages par jour, sinon je ne m'en sortirai jamais, m'explique-t-elle, convaincue que ses doléances de prof m'intéressent.

Deux heures ! Et pourquoi pas le dimanche au complet ! Elle m'énerve avec ses travaux d'étudiants qu'elle traîne partout où elle va. Tant pis, je vais traverser chez Serge, qui doit d'ailleurs déjà être installé devant son ordinateur. J'enfile donc un jean, donne un coup de peigne inutile à ma tignasse blonde hirsute qui me fait ressembler à une botte de foin, ramasse un muffin et sors en claquant la porte. Par la fenêtre ouverte, j'entends mon père me demander :

— Tu pars déjà ? N'oublie pas qu'il faut tondre le gazon aujourd'hui.

Je hausse les épaules en guise de réponse et traverse la rue. Serge est déjà sur le trottoir, tenant Pepper en laisse. Le chien s'agite en me voyant arriver. Je lui caresse la tête au passage et salue mon copain. J'ai tellement hâte de lui raconter ce qui m'est arrivé hier soir ! C'est alors qu'une voix familière nous interpelle :

— Hey, Serge et Pepper ! Vous ne me dites pas *hello* ? Et toi non plus, Renaud ?

C'est Penny, assise sur son vélo. Je ne l'avais pas vue.

— Salut, dis-je. Tu vas où, à cette heure-ci ?

— Au dépanneur, et Pepper veut me suivre. C'est trop dangereux pour lui, le boulevard, alors Serge va s'en occuper, m'explique-t-elle. Tu viens avec moi ?

Ce n'est pas l'envie qui me manque d'escorter ma belle voisine jusqu'au magasin du coin, mais je suis encore plus pressé de connaître l'opinion de Serge sur cette curieuse affaire. Je décline donc l'invitation de Penny et entre chez mon ami, qui a déjà ouvert la porte. Bien entendu, le chien nous suit, sans aucune autre forme d'invitation.

Mon copain écarquille les yeux en lisant la conversation de la veille, encore affichée sur mon téléphone cellulaire. Incrédule, il balbutie :

— Tu sais bien que c'est quelqu'un qui raconte n'importe quoi, voyons !

— Oui, sûrement, dis-je, soudain gêné. C'est juste que je trouve bizarre qu'un inconnu engage la conversation avec moi dès la première fois que j'ouvre l'application.

— On va voir s'il est encore en ligne ce matin.

Il ouvre l'application et, après quelques secondes, les noms de correspondants potentiels de divers pays s'affichent à l'écran. Serge se veut rassurant :

— Bon, tu vois bien qu'il n'y a personne d'étrange en ligne.

— C'est vrai, dis-je, soulagé.

Je me demande même si je n'ai pas rêvé tout cela. Apaisé, je commence à discuter sur Facebook avec mes amis et mes cousins. Ceux-ci ont publié les photos prises la veille lors de ma fête. Ensuite, Serge et moi consultons différents sites sur les plus récents jeux vidéo.

Penny arrive quinze minutes plus tard, nous rapportant des tablettes de chocolat. Puis, elle demande à Serge la permission d'utiliser l'ordinateur. Je décide donc de retourner chez moi. Au moment où je mets le nez dehors, j'aperçois ma mère qui quitte la maison, accompagnée de ma sœur. J'en profite pour inviter Serge, afin que nous puissions continuer nos activités sur Internet. Avant même que nous ayons eu le temps de nous rendre dans le bureau, mon père me rappelle :

— Renaud, le gazon... tu dois le faire aujourd'hui !

— Oui, oui, je sais ! Il reste au moins huit heures à la journée.

Il me tape vraiment sur les nerfs ! Quand il n'y a pas d'école ni de natation, il réussit à me casser les pieds avec des corvées de toutes sortes. C'est clair qu'il ne peut pas supporter de me voir en vacances.

Ruminant ces pensées, je m'adresse à Serge en sortant de nouveau mon téléphone de ma poche.

— Attends. On va réessayer. Juste pour voir.

8

J'ouvre à nouveau mon application. Nous patientons quelques secondes et, soudainement, la phrase suivante apparaît à l'écran :

> *Hello !* Te revoilà, Renaud. Ça fait une éternité que j'attends que tu te manifestes à nouveau. Ce n'est pas super de disparaître ainsi pendant une conversation.

Serge et moi échangeons un regard consterné. Je commence à trouver ce correspondant plutôt embarrassant. En même temps, je suis soulagé que Serge soit témoin du phénomène qui se reproduit. Devant mon hésitation, mon ami saisit le téléphone et se charge de répondre à ma place :

> J'étais allé me coucher. Qui êtes-vous vraiment et que me voulez-vous au juste ?

Je te l'ai déjà dit. Je suis John Lennon, l'ex-Beatles, si tu préfères.

Cette fois, c'est moi qui réponds, car Serge reste bouche bée.

D'accord, admettons que ce soit vrai. Comment pouvez-vous communiquer avec moi ?

C'est plutôt toi qui communiques avec moi. Ici, nous avons tous une adresse de reconnaissance, et tu l'as inscrite dans ton ordinateur ou ton téléphone.

Quelle adresse ? De quoi parlez-vous au juste ?

Mon interlocuteur met du temps à répondre. On dirait qu'il hésite. J'en profite pour m'adresser à Serge, qui se ronge les ongles, livide tout à coup :

— Qu'est-ce que t'en penses ? Il a l'air sérieux, tu ne crois pas ?

Serge fouille dans le tiroir du bureau devant lequel nous sommes assis et en sort un morceau de gommette bleue. Il l'utilise pour obstruer la minuscule ouverture sur mon téléphone. Il m'explique en chuchotant, comme si l'internaute mystère pouvait nous entendre :

— Je bouche la caméra, il ne faut pas qu'il nous voie.

Cette fois-ci, c'est moi qui me fais rassurant. On dirait que le fait de voir Serge si énervé me donne pour une fois un avantage sur lui. J'essaie de me montrer calme et maître de la situation, même si tout cela me fait peur.

— Il ne nous voit probablement pas, sinon il saurait qu'on est deux. Et puis, il n'a pas l'air mal intentionné, il me semble. Voyons ce qu'il va dire au sujet de l'adresse.

L'écran reste vide quelques secondes encore, puis tout un paragraphe s'inscrit dans la fenêtre.

> C'est difficile de décrire le lieu où je me trouve. On dirait de la pure énergie. Plusieurs ont tenté de se le représenter au cours des siècles, sans jamais y arriver parfaitement. C'est comme un état de conscience cosmique, un immense vide rempli de tout l'essentiel. C'est paradoxal, je sais, mais je crois que tu peux comprendre… Nous sommes des milliards d'individus. Des anciens Terriens morts au cours de l'histoire. Tous ceux qui ont vécu sur Terre pendant les derniers siècles portent un matricule, qui commence par REP, comme dans « Repose en paix ».

Si je comprends bien, sans le savoir, j'ai choisi comme identifiant un genre de matricule qui donnerait accès à l'esprit d'une personne décédée ?! C'est vraiment difficile à saisir et surtout à croire. Mon interlocuteur semble très heureux de pouvoir nous parler de sa perception de son existence. Serge et moi sommes de plus en plus médusés. C'est à n'y rien comprendre.

Après une pause de plusieurs secondes, je me tourne vers Serge, qui tape du pied avec nervosité comme s'il attendait chez le dentiste pour se faire arracher les dents de sagesse. Je recommence moi aussi à avoir la frousse, mais la présence de mon ami me donne le courage de continuer. Je m'adresse à lui :

— Tu crois ce qu'il raconte ? Un état de conscience cosmique… un vide rempli… Ce gars doit certainement nous écrire de la salle commune d'un hôpital psychiatrique !

Serge n'a plus d'ongles à ronger. Il garde les yeux rivés sur l'écran, toujours plus fasciné par ces révélations d'outre-tombe. Quant à moi, j'essaie de rester calme. Je cherche une idée qui pourrait nous aider à y voir plus clair dans tout cela. Je m'adresse à mon ami qui retient son souffle, la bouche ouverte en se tortillant nerveusement une couette de cheveux. Il a l'air d'un gars congestionné dans une annonce de médicament contre le rhume.

— Il faut lui demander une preuve, dis-je, insistant.

— Comment veux-tu qu'il prouve une chose pareille ? C'est malade, ce qu'il raconte. Te rends-tu compte ? Il nous décrit l'au-delà, le paradis ou l'enfer, ou je ne sais quoi... c'est complètement fou !

Au moment où j'allais me remettre à écrire, je sens une substance gluante se poser sur ma cheville. Je pousse un hurlement en faisant reculer ma chaise d'un coup sec. La chaise heurte ensuite quelqu'un qui se trouve derrière moi et qui pousse un cri strident directement dans mes oreilles.

Serge me regarde, stupéfait, et s'empare du téléphone d'un geste rapide en apercevant Penny qui se tient le pied. Celle-ci s'était faufilée dans le bureau et se tenait derrière nous. Ni Serge ni moi n'avions remarqué sa présence tant nous étions concentrés sur l'écran de mon cellulaire.

— *Jerk !* Tu m'as roulé sur l'orteil avec ta chaise ! C'est juste Pepper qui a léché ton pied. Pourquoi tu es si stressé ? Tu regardes tes notes de bulletin ?

Pauvre Pepper ! Je lui ai sûrement écrasé une patte en reculant ainsi. Il se lèche en gémissant. Je le prends sur mes genoux et croise le regard de Serge.

Il faut absolument garder tout cela secret.

9

À voir nos airs éberlués, notre belle voisine se doute qu'il se passe quelque chose de pas très cachère. Nous ne savons pas trop quoi dire et, en plus, nous arborons tous les deux un air coupable. Penny éclate d'un grand rire coquin et nous accuse injustement :

— Vous étiez en train de regarder des filles toutes nues, pas vrai ?

Non, mais, que va-t-elle inventer, encore ? Nous savons qu'elle risque d'aller raconter ces conneries à tout le voisinage si nous la laissons avec cette impression. J'essaie de nous défendre en lui faisant des reproches.

— Pas du tout ! Et toi, depuis quand on entre chez les gens sans sonner à la porte ?

J'étais bien naïf de penser que Penny se laisserait ainsi distraire et oublierait ses soupçons. Elle me répond du tac au tac, en prenant l'appareil des mains de Serge :

— N'essaie pas de changer de sujet.

En voyant s'afficher une banale conversation, elle fait une moue très drôle témoignant de sa déception. Serge lance :

— Bon, tu vois bien que tu t'imagines n'importe quoi ! Va donc promener Pepper avant que Jules ne l'éborgne.

— Ça veut dire quoi, l'éborgner ? demande-t-elle en flattant son chien.

— Ça signifie… arracher un œil, dis-je, essayant d'avoir l'air menaçant.

Cependant, rien n'y fait. Pas question pour Penny de lâcher le morceau. Elle en profite même pour se moquer de mon chat :

— Ah ! Parce que tu crois qu'un gros tas de gras couvert de poils qui n'a plus de griffes ni de couilles pourrait s'en prendre à Pepper ? Tu rêves ou quoi ? demande-t-elle en fourrageant dans le pelage de mon inoffensif félin, qui se roule sur le dos pour se faire flatter le ventre.

Elle insiste :

— Alors, avec qui vous parlez ? C'est un secret ou quoi ?

Je me lève, déterminé à mettre Penny à la porte. Il est hors de question de révéler notre secret à cette petite fatigante trop futée, qui en sait d'ailleurs déjà beaucoup trop et qui est entrée chez moi sans frapper.

À ce moment, le bip caractéristique se fait entendre et une ligne s'affiche à l'écran :

> Que se passe-t-il, Renaud ? Tu ne me crois pas, c'est ça ?

Serge répond encore à ma place, pendant que je pousse Penny vers la porte, le chien sur les talons.

> Donnez-moi une preuve que vous êtes bien John Lennon… Et que vous êtes dans… l'autre monde.

J'ai finalement réussi à mettre Penny dehors. Mon père ronfle sur le sofa, un livre fermé sur la poitrine. Serge est toujours assis dans le bureau, les yeux rivés sur mon téléphone. Il attend une réponse, fébrile. Je me positionne derrière lui, les bras croisés, impatient.

La réplique se fait attendre. Petit à petit, mon ami semble se calmer un peu et retrouver son assurance habituelle. L'arrivée de Penny lui a sans doute fait reprendre ses esprits ; il ne voudrait surtout pas passer pour une mauviette devant elle… Il m'explique :

— On verra bien comment il va se sortir de ce mauvais pas. Je lui ai demandé des preuves, comme tu l'as suggéré. Il est pris au piège.

— Il va peut-être simplement disparaître, s'il n'y arrive pas.

— Dans ce cas, on saura qu'il s'agit d'un farceur.

— Ou d'un imbécile. En tout cas, c'est toute une histoire… Et Penny qui pensait qu'on se rinçait l'œil sur des sites pornos !

— Les filles ont souvent le don de se mettre le nez où elles n'ont pas d'affaire. En plus, elles devinent toujours tout ! ajoute Serge.

— Mais au moins, elle a un beau nez, celle-là. Bon, qu'est-ce qu'il fait ?

— Rien… Ou bien il s'est évaporé, ou bien on a affaire à un imposteur, c'est tout !

— Si c'est un imposteur, il n'est vraiment pas gêné, dis-je en regardant l'écran s'agiter. (Bip !) T'as vu ? Il répond !

Quelqu'un est mort noyé dans un lac des Laurentides, il y a quelques minutes à peine. Il vient tout juste d'arriver ici. Il a l'air tout émerveillé et abasourdi. Les nouveaux ont toujours cet air-là. C'est un jeune homme qui faisait de la motomarine avec un ami. Ils sont entrés en collision avec un bateau. L'ami a sauté à temps, mais le conducteur s'est cogné la tête violemment, a perdu conscience et a coulé à pic. Les plongeurs cherchent encore son corps.

J'écris, sans trop comprendre où il veut en venir :

Et alors ?

Alors, ils vont en parler au bulletin de nouvelles ce soir, et sa photo sera bientôt publiée dans le journal sous la rubrique nécrologique. À cette heure-ci, ses parents ne sont même pas encore au courant de son décès. Il s'appelle Jonathan Desruisseaux.

Je suis sidéré par cette nouvelle révélation, mais je ne trouve rien de mieux à répondre que :

C'est bon. Je vérifierai. Et concernant votre identité ?

Là, c'est plus compliqué… On se reparlera un peu plus tard. Ensuite, si tu veux bien, je te demanderai un service et, par le fait même, tu verras bien que je suis le véritable John Lennon. *Goodbye*, Renaud !

10

Serge et moi sommes stupéfaits. L'individu fait maintenant de macabres prédictions. Inutile de mentionner à quel point je suis impatient de voir si une noyade sera annoncée au bulletin télévisé.

— J'ai hâte à ce soir.

— Moi, j'ai encore plus hâte à demain matin. Que penses-tu qu'il va nous dire ? demande Serge.

— Aucune idée. J'espère qu'il ne va pas nous annoncer une catastrophe imminente, comme une collision avec une météorite, une guerre nucléaire ou quelque chose du genre.

— Bien non ! Ce n'est pas un devin, ce type...

— C'est quoi, alors ? Il a l'air pas mal renseigné sur l'au-delà, en tout cas.

Pour toute réponse, Serge hausse les épaules, se lève et se dirige vers la porte.

— Tu me tiens au courant ? dit-il en franchissant le seuil.

— Sûr. Mais d'abord, je m'occupe du foutu gazon et ensuite on part à la campagne pour visiter des chalets à louer. Si, bien sûr, mon père se décide à se réveiller. Il passe son temps à dormir pendant que je fais les corvées ! Je t'appelle à notre retour.

J'entreprends la tonte de la pelouse comme un automate. Je fais des allers-retours rectilignes sans même m'en rendre compte, réfléchissant à ces échanges mystérieux. Se pourrait-il que tout cela soit vrai ? Dans ce cas, je suis peut-être le premier humain à entrer en contact direct avec un mort qui peut fournir des renseignements précis sur l'autre monde. Dois-je être terrorisé ou simplement flatté d'avoir été choisi ? Et puis, ce qui m'intrigue aussi, c'est que ces échanges ne semblent fonctionner que de chez moi. Y a-t-il quelque chose d'inhabituel dans ma maison ? Un champ magnétique particulier ou une localisation idéale pour ce genre de manifestations ? À moins que ce ne soit lié à mon téléphone cellulaire… En tout cas, j'espère que notre maison n'est pas hantée ou habitée par des esprits maléfiques !

La tondeuse continue de m'abrutir avec son ronronnement assourdissant. J'aperçois mon père qui se prépare un café dans la cuisine. Il semble discuter avec ma mère, qui revient de l'épicerie. Je me demande ce qu'ils penseraient de toute cette histoire. Chose certaine, je ne le saurai jamais, puisqu'il est hors de question que je leur raconte quoi que ce soit concernant mes conversations abracadabrantes.

J'arrive à l'avant avec le sac d'herbe coupée. Ma sœur s'amuse à faire des bulles de savon en soufflant de toutes ses forces dans un anneau de plastique. Elle me crie, enthousiaste :

— Regarde ça, Renaud ! Elles vont jusqu'au ciel !

J'observe donc pendant quelques secondes ces bouquets de ballons irisés qui se propagent dans l'air. Certains éclatent après quelques secondes, mais d'autres tiennent le coup, s'étirant, se déformant au gré du vent pour se hisser plus haut, vers le firmament, où elles disparaissent dans l'infini.

Je ne peux m'empêcher d'avoir une pensée pour toutes les personnes disparues qui se trouvent probablement quelque part, comme ces bulles qui se volatilisent après avoir explosé. Où se cachent-elles, après leur disparition ? Et si mon mystérieux internaute disait vrai ? Malgré moi, j'espère que toute cette histoire est véridique et je me surprends même à souhaiter qu'on annonce une noyade au bulletin de nouvelles du soir.

***

Nous avons visité trois chalets. Déconcertés par mon manque d'enthousiasme, mes parents se demandent bien quel est le problème.

— Allons, Renaud ! Tu vas avoir du plaisir à la campagne. Tu pourras inviter des amis, si tu veux !

Je hausse les épaules, visiblement peu intéressé. Mon père en rajoute :

— On a accès au lac. On pourra pratiquer des sports nautiques !

L'image de mon père se faisant tirer derrière un bateau ne fait que me rappeler la noyade annoncée du jeune homme. J'ai un peu honte de mon impatience. Comment puis-je souhaiter la mort de quelqu'un, juste dans le but de vérifier l'honnêteté de mon interlocuteur ? Je me raisonne en pensant que de toute manière, si toute cette folie s'avère juste, le gars est déjà mort. Ce qui m'intéresse, c'est uniquement la confirmation de cette tragédie. En attendant, les projets de vacances de mes parents me semblent tout à fait dénués d'intérêt.

— Ouais, ouais, dis-je sans conviction. On retourne à la maison ?

Mon père me répond, taquin :

— Quoi ? T'as hâte de retrouver ta voisine ?

Je réponds sur le même ton :

— Non, je ne veux juste pas rater les nouvelles !

Finalement, nous empruntons bientôt l'autoroute qui nous ramène à la civilisation. Je suis vraiment impatient de savoir s'il y a eu un accident aujourd'hui sur un lac de la région.

Je me précipite au salon dès notre arrivée et ouvre la télévision. Je cherche le visage familier de la lectrice de nouvelles parmi les différents postes. Ce ne sont que des messages publicitaires. Mon père me fait patienter en disant :

— Le bulletin de nouvelles débute seulement dans deux minutes. Que veux-tu savoir, au juste ?

— Rien de spécial, dis-je évasivement. Je veux me tenir au courant, c'est tout.

Enfin, j'entends la ritournelle familière du journal télévisé. J'ai peur. J'ai peur que ce soit vrai. J'ai peur que ce soit faux.

Heureusement, je n'ai pas à attendre très longtemps. Après les manchettes internationales et nationales, la lectrice adopte un ton austère pour dire :

— Un jeune homme a connu une fin tragique en début de matinée au lac des Falaises, lorsque sa motomarine est entrée en collision avec une embarcation. Son corps a été repêché en fin d'après-midi par les plongeurs de la Sûreté du Québec...

11

Je n'entends pas le reste du bulletin, pas plus que je n'entends Serge qui s'évertue à sonner à la porte avant, jusqu'à ce que mon père, excédé, se décide à aller ouvrir. Mon ami apparaît à la porte du séjour, l'air éberlué, en balbutiant :

— T'as entendu ?

Je regarde Serge dans les yeux en plaçant mon index sur ma bouche pour l'inciter à se taire tant que mes parents sont dans la même pièce. Trop tard. Mon père reprend les propos paniqués de mon ami.

— Entendu quoi ? demande-t-il.

J'essaie de trouver rapidement une explication assez évasive pour le contenter. Mais c'est Serge qui répond, le plus naturellement du monde :

— Il y a un gars qu'on connaît qui s'est noyé aujourd'hui. Il travaillait à mon école pour organiser des activités parascolaires.

— C'est ça ! dis-je, rassuré de voir que mon père, le psychologue, semble croire à nos mensonges.

— Ah bon, c'est dommage, il ne devait pas être très vieux.

J'ajoute pour couper court à la discussion :

— Non, autour de vingt, vingt-cinq ans.

Puis je m'adresse à mon ami en le poussant vers le bureau :

— Viens voir, j'ai découvert un site qui devrait t'intéresser.

Satisfait d'avoir semé l'inspecteur Sherlock Holmes entre le vestibule et le salon, je referme la porte et consulte mon ami du regard. Mon cœur bat si fort que j'ai l'impression qu'il va exploser comme un ballon trop gonflé. J'ai vraiment la trouille. Moi qui ai du mal à regarder un film d'horreur jusqu'au bout… comment vais-je survivre à ça ?

Serge rompt finalement le silence. Ayant retrouvé son calme, il me demande, toujours aussi pragmatique :

— Bon, qu'est-ce qu'on fait, maintenant ? On ouvre l'application de nouveau ?

— T'es fou ! dis-je, horrifié. On correspond avec un MORT, et tu veux continuer !

— Ne panique pas, voyons ! Que peut-il nous arriver ? Réfléchis un peu. Même si le gars est mort, ça reste un mort virtuel. Ce n'est pas plus dangereux qu'un monstre virtuel. Godzilla n'a jamais fait de mal à une mouche... ce n'est qu'une illusion, tu sais bien !

— Oui, mais ce cinglé, en ligne... il a prédit la mort d'un gars !

— Justement, ça peut être utile. Et puis, il n'existe pas pour vrai, ce type. Il n'est que des lettres sur un écran. On est en sécurité, ici. Je suis sûr qu'on n'a rien à craindre, et beaucoup à gagner. Il connaît peut-être les résultats de loteries à l'avance ou le numéro de téléphone de Katy Perry !

D'un geste brusque, je tire mon téléphone de ma poche et l'éteins.

— Attends ! Te rends-tu compte ? dis-je en chuchotant et en regardant par-dessus mon épaule. Et si c'est vraiment John Lennon... qu'est-ce qu'on va faire ?

— Justement, répond Serge en essayant de me prendre l'appareil. C'est ça qui est génial. Non seulement on communique avec un mort, mais ce n'est pas n'importe qui ! Donne-moi ton téléphone !

Remettant l'appareil dans ma poche, j'ajoute d'un ton ferme :

— Prends donc le tien, si tu veux absolument continuer. Moi, j'arrête ! Je n'y vais plus, sur ton foutu site de fous. Je vais me contenter de jouer à des jeux et de texter mes amis.

— J'ai déjà essayé avec le mien, me répond-il d'un ton qui se veut convaincant. Ça ne fonctionne pas. Allons... cesse de déconner... il faut en savoir plus sur ce type. On ne peut pas abandonner à ce moment-ci... on est rendus trop loin !

Et il me tend la main jusqu'à ce que j'y dépose mon téléphone en soupirant. Il se dépêche de l'ouvrir, de faire démarrer l'application et d'y taper mon identifiant : Repjl1940-80.

— C'est bien ça ? me demande-t-il.

C'est seulement en voyant la série de lettres et de chiffres s'afficher que je commence à décoder l'affaire des numéros de matricule. Je demande à mon ami :

— En quelle année il est mort, Lennon ?

— J'sais pas moi, au début des années 1980, quelque chose comme ça.

— Et il avait quel âge ?

— Comment veux-tu que je le sache ? Je ne suis pas un connaisseur des Beatles !

— Oui, mais tu sais toujours tout, d'habitude. On devrait quand même se renseigner un peu. Je pense que je commence à comprendre ce qui se passe.

Curieux malgré tout, Serge ouvre l'ordinateur et trouve, en quelques clics, un site sur les Beatles. Mes soupçons se confirment lorsque je vois s'afficher à l'écran les dates de naissance et de décès de John Lennon.

12

— T'avais raison. Il est mort en 1980, dis-je à Serge, en lisant sur l'écran.

— Et il est né en 1940… complète mon ami, qui commence à comprendre lui aussi. Repose En Paix John Lennon 1940-1980 !!! Un code d'accès au monde des morts… On a qu'à inscrire REP, suivi des initiales et des dates, et on peut communiquer avec eux. C'est hallucinant, non ?

— Crois-tu que ça marche avec tous ceux qui sont morts ?

— Je ne sais pas, il faudrait essayer… mais ça m'étonnerait, poursuit Serge.

— Pourquoi ?

— Parce qu'il y a trop de personnes qui sont mortes. Il doit y avoir des centaines de milliards de morts depuis le début de l'humanité.

— Ouais, dis-je, perplexe…

— Fais juste penser à tous ceux qui ont vécu au Moyen-Âge… et dans l'Antiquité… Sans parler des Cro-Magnon et des australopithèques !

— En plus, il doit y en avoir plein qui ont les mêmes initiales et les mêmes dates.

— Sauf qu'il n'y a pas toujours eu de calendrier, donc de dates… Allons voir tout de même si notre devin est encore en ligne, fait Serge, en activant le processus.

Une fraction de seconde plus tard, la magie s'opère de nouveau. Il était là, quelque part derrière l'écran ou dans l'écran ou sur l'écran, invisible, intangible, mais là quand même, comme une présence déguisée en lignes de texte qui apparaissent soudainement.

> Te revoilà donc, Renaud ! Alors, ils ont repêché le type, pas vrai ? C'est fou comme il avait l'air surpris de se retrouver ici. Ce n'était manifestement pas ce qu'il avait prévu de faire aujourd'hui !

Serge et moi sommes à nouveau complètement envoûtés par ce que nous voyons à l'écran. Malgré mon effroi, je ne peux m'empêcher de continuer en me disant que si toute cette folie devient hors de contrôle, il nous suffit de fermer le téléphone et… *bye bye,* John Lennon !

Subitement pris d'une frénétique curiosité, j'arrache le téléphone des mains de mon ami. Je tape :

Et vous... comment êtes-vous mort ? Une overdose comme Kurt Cobain, un accident d'hélicoptère comme Vaughan ? Le sida comme le chanteur de Queen ?

Non. Moi, je suis mort assassiné... comme le président Kennedy. Tu connais ?

Euh... oui. C'est arrivé où ?

À New York. Yoko et moi habitions un immeuble face à Central Park, le Dakota. Nous revenions d'une longue journée d'enregistrement. Un type est sorti de sous le porche. Je croyais qu'il voulait un autographe. J'aurais dû me méfier... Il a tiré à cinq reprises, à bout portant, dans mon dos. Tu n'étais pas au courant ?

Je regarde Serge, incrédule, et lui demande :

— C'est vrai, ce qu'il raconte ? Je ne connais pas grand-chose aux Beatles, moi.

— Moi non plus. Mais ça me dit quelque chose, cette histoire de New York. On devrait vérifier et prendre des renseignements sur lui. On aurait l'air moins ignorants.

Sur ce, mon ami répond à ma place :

Oui, bien sûr, tout le monde en parle, de votre assassinat, même de nos jours ! C'est dommage, vous auriez pu écrire encore plein de bonnes chansons…

Toute bonne chose a une fin, que veux-tu ! Au moins, je suis mort en bonne forme. Je n'ai pas eu le temps de vieillir et d'endurer toutes sortes de problèmes qu'ont souvent les personnes âgées. Et puis, je n'ai pas le temps de m'apitoyer sur mon sort, ici.

Pour l'inciter à continuer, Serge tape :

Vous parliez d'un service…

Je te le dirai demain matin, si ça t'intéresse toujours. En attendant, amuse-toi pendant la soirée et tâche de te coucher tôt. Tu risques d'avoir besoin de toutes tes facultés quand tu entendras ce que j'ai à te demander.

13

Inutile de dire que je n'ai guère fermé l'œil, cette nuit. Mais ce n'est pas grave, car ça m'a donné amplement le temps de réfléchir à toute cette histoire et de faire le point. Heureusement que les vacances sont commencées et que je n'ai pas à me soucier en plus de l'école ou de la natation !

D'abord, j'ai fini par admettre qu'après tout cette affaire est peut-être vraie. Au début, c'est sûr, je niais toutes ces affirmations en bloc, en me disant qu'il ne pouvait s'agir que d'une farce monumentale. Mais après l'histoire de la prédiction de la noyade, j'avoue que mes suspicions ont fait place à un intérêt grandissant pour ce mystérieux individu. Puis, je me suis mis à refouler le sentiment d'effroi qui me hantait pour donner libre cours à une immense curiosité devant ce phénomène si invraisemblable. Je me suis laissé entraîner de bon gré dans cette aventure. Je dois admettre que la présence de Serge me rassure beaucoup. Nous sommes deux pour faire front commun face à cet hurluberlu, qui n'est peut-être nul autre que feu John Lennon.

Ensuite, j'ai délibérément mis mes émotions en veilleuse pour accorder une plus grande place à mon côté rationnel : même si toute cette affaire est parfaitement farfelue, j'ai décidé qu'il serait important et amusant d'y croire. En effet, à force d'analyser tout cela, je me suis dit que j'ai beaucoup plus à gagner qu'à perdre en me lançant dans une aventure comme celle-là. Je suis peut-être le seul humain vivant à pouvoir communiquer avec une célébrité décédée. Dans ce contexte, il serait plutôt idiot de ma part de renoncer à cet immense privilège.

Cela m'amène à me questionner de nouveau sur le fait que cela fonctionne uniquement avec mon nouveau téléphone. Hier soir encore, Serge a essayé, de chez lui, d'entrer en contact avec notre mystérieux interlocuteur, sans résultat. Mon appareil a donc quelque chose de spécial, et je me demande si ce n'est pas en lien avec l'étui que Serge m'a donné. Il faudrait que je lui en parle. En tout cas, c'est quand même un hasard incroyable que je sois tombé sur son matricule en choisissant mon identifiant !

Les bestioles commencent à s'agiter dans le jardin. Il y a un cerisier plein de fruits juste sous ma fenêtre. Les oiseaux du voisinage y voient un buffet à volonté fort attrayant et me réveillent toujours tôt en cette première semaine de juillet.

Mais ce matin, c'est tant mieux, car j'ai très hâte d'ouvrir mon application. Je brûle d'envie de voir si mon interlocuteur sera là et, bien sûr, d'en savoir plus sur le service auquel il a fait allusion. De plus, je suis certain que Serge ne tardera pas à se pointer, quoique je préférerais être seul pour découvrir ce dont Lennon veut me parler. Après tout, c'est à moi que Lennon a souhaité se confier. Je verrai par la suite si je veux ou non partager le secret avec mon meilleur ami.

Avant tout, je dois avaler quelque chose. Je sais qu'il y a des bagels frais dans le garde-manger. Je me lève donc, enfile un jean et un t-shirt tout neuf, reçu à ma fête, et descends à la cuisine. Le tapis qui recouvre l'escalier amortit le bruit de mes pas, permettant ainsi à la maison endormie de continuer à sommeiller. Seuls les ronronnements insistants de Jules viennent rompre le silence. Je lui sers à manger avant qu'il se mette à miauler et réveille tout le monde. Je me prépare ensuite un copieux déjeuner et l'apporte sur un plateau dans l'intimité de ma chambre. Fébrile, j'allume mon cellulaire et ouvre l'application. J'inscris :

Hello, John Lennon, je suis là. Que voulez-vous me demander ?

La réponse apparaît presque instantanément :

Salut, Renaud ! Voilà. Quand j'étais jeune, ma mère m'a initié à la musique en me montrant à jouer du banjo. Elle aimait beaucoup cet instrument. Elle chantait, aussi. C'était une femme très joviale, qui aimait s'amuser… peut-être un peu trop, qui sait ?

Il fait une pause. J'écris pour l'inciter à continuer :

L'instrument à cordes rond avec un long manche ?

Exactement. Eh bien ! ma mère est décédée quelques années plus tard, alors que je n'avais que dix-sept ans.

Elle était malade ?

Non, elle s'est fait frapper par une voiture, tout juste devant la maison où j'habitais avec ma tante Mimi.

14

Je ne sais pas trop quoi écrire. Est-il nécessaire d'offrir des condoléances à un mort ? J'écris donc :

> Désolé…

> Oh! Ça va mieux, maintenant. On se voit tous les jours. Mais à l'époque, ça m'a fait beaucoup de peine. C'était la seule personne de ma famille qui comprenait l'importance que la musique avait dans ma vie.

Je constate qu'il s'éloigne du sujet. Il ne m'a toujours pas dit de quel service il s'agit. Je ne vois pas très bien en quoi le banjo me concerne. Je l'incite donc encore une fois à continuer :

> Donc, votre mère avait un banjo ?

Exactement, et j'en ai hérité à son décès. C'est l'un des seuls objets que j'ai reçus, car ma mère ne possédait pas beaucoup de biens matériels. À cette époque, je me passionnais déjà pour la musique. Je passais des heures enfermé dans ma chambre à trouver des accords de guitare et à écrire des textes.

Il s'éloigne encore de l'objectif premier de la discussion. Il est passé huit heures. Je suis certain que Serge ne tardera pas à arriver. Sans compter que ma mère risque de se lever d'une minute à l'autre et de faire irruption dans ma chambre sous un prétexte quelconque. Je veux vraiment savoir ce qu'il veut au juste. J'inscris donc, de plus en plus intrigué :

Oui, vous êtes reconnu pour être un excellent compositeur. Vos chansons jouent encore à la radio après cinquante ans. C'est bon signe! Donc, vous disiez que vous aviez hérité du banjo?

Il continue d'écrire.

Durant cette période de mon adolescence, j'avais vraiment des notes épouvantables à l'école. Disons que je n'étais pas très discipliné non plus. J'avais du mal à accepter l'autorité. Ma tante Mimi, qui était responsable de mon éducation, voyait mon attitude d'un très mauvais œil et elle s'est mise à me serrer la vis. Elle m'a donc confisqué l'instrument, qu'elle tenait responsable de mes problèmes scolaires.

Il fait une pause. J'en profite pour l'encourager à continuer :

Et ensuite ?

Cela m'a mis très en colère. De toute manière, je possédais aussi une guitare, à l'époque. Dans ma tête, je savais que je voulais faire de la musique toute ma vie. J'avais déjà rencontré Paul McCartney[2] et je faisais partie d'un groupe appelé les Quarrymen. On se produisait même dans un bar de Liverpool, The Cavern.

---

2. Paul McCartney est un membre important des Beatles. Avec George Harrison et Ringo Starr, Lennon et McCartney formaient ce quatuor anglais qui a pulvérisé des records de vente d'albums au cours des années 1960 et 1970. Après la dissolution des Beatles, McCartney est devenu le leader d'un autre groupe de musique, The Wings. Il donne toujours des spectacles solos un peu partout dans le monde.

Il fait encore une pause. Décidément, il va finir par me raconter sa vie au grand complet sans en arriver au but s'il continue ainsi. Par la fenêtre, j'entrevois Serge se diriger vers chez moi. Il discute avec Penny qui est en train de promener Pepper. Je suis certain qu'elle veut venir, elle aussi, et que mon ami tente de l'en dissuader.

Je tape, essayant toujours d'encourager mon interlocuteur à continuer :

Et donc, le banjo de votre mère ?

Ah oui, j'y arrive ! Tante Mimi le confisque, bien inutilement, puisque je passais beaucoup plus de temps sur ma guitare, de toute manière. Elle n'a d'ailleurs jamais pu mettre la main sur celle-ci, car je lui avais trouvé une cachette dans ma chambre.

Alors ?

Alors, lorsqu'elle m'a annoncé qu'elle me rendrait le banjo seulement quand les nouvelles de l'école seraient meilleures, je me suis mis à la recherche de l'instrument. Un dimanche matin, pendant qu'elle assistait à la messe, j'ai fouillé sa chambre. Comme je m'en doutais, elle l'avait simplement dissimulé sous son lit, caché dans une courtepointe.

Qu'en avez-vous fait ?

Je l'ai repris, j'ai enroulé une planche de bois dans l'édredon et j'ai remis le tout sous son lit. Comme je savais que mes résultats scolaires ne changeraient pas de sitôt, je me suis dit qu'elle n'y verrait que du feu !

Et le banjo ?

Justement, voilà mon problème. Je l'ai caché dans ma chambre à la place de ma guitare… et personne d'autre que toi et moi n'est au courant de cela !
Je n'en ai jamais parlé à quiconque et je n'ai pas eu le temps de révéler la cachette à qui que ce soit.
Pas même à Yoko !

15

Inutile de dire à quel point cette révélation me déçoit ! Ça fait presque une demi-heure que je lui tire les vers du nez pour lever le voile sur le mystère de John Lennon et voilà qu'il m'annonce, comme s'il s'agissait d'un important secret d'État, qu'il a simplement caché un instrument dans sa chambre, il y a cinquante ans ! Je me remets soudainement à penser qu'on se fiche peut-être de moi. À l'instant, j'entends Serge qui cogne discrètement à la porte. J'espère au moins qu'il a réussi à semer Penny. Je sors de ma chambre et descends l'escalier.

Tout en me dirigeant vers le vestibule, je réfléchis rapidement et décide de lui révéler les grandes lignes de ma conversation. Après tout, cette histoire de banjo caché ne me semble pas d'une grande importance et, comme mon meilleur ami est déjà au courant de la situation, je ne vois pas pourquoi je lui cacherais le contenu du dernier échange.

— Alors, tu lui as parlé ? chuchote-t-il, intrigué.

— Oui, justement, il attend que je réplique.

— Il raconte quoi ?

— Une histoire de banjo perdu. T'as réussi à semer Penny ? Texte-moi, la prochaine fois, au lieu de frapper à la porte. J'irai t'ouvrir.

— Oui, elle voulait absolument venir chez toi. Je suis sûr qu'elle nous épie. Elle ne se lève jamais si tôt d'habitude. Elle doit se douter de quelque chose.

— Peut-être, mais on ne lui dit rien. Il est hors de question de la mettre dans le coup !

Sans perdre davantage de temps, je m'installe avec Serge sur le petit canapé du bureau et tape :

> Ah! C'est très intéressant, en effet. Et quel est donc le service que je dois vous rendre?

C'est alors que ma mère apparaît dans l'embrasure de la porte.

— Renaud ? Serge ? Que faites-vous là à cette heure-ci ?

Pourquoi ne puis-je jamais avoir la paix ? Heureusement, avec sa présence d'esprit habituelle, Serge trouve encore une façon de nous tirer d'affaire.

— Bonjour, Sylvie ! Je suis venu chercher Renaud pour voir s'il peut m'aider au lave-auto aujourd'hui. On va partager les pourboires.

— Bonne idée ! Renaud, n'oublie pas que tu as un rendez-vous demain après-midi chez l'orthodontiste. C'est le jour de l'installation de ton appareil dentaire. Tu n'as pas oublié, j'espère ? Je t'y amènerai dès mon retour de l'université. Seras-tu à la maison ?

Je hausse les épaules, évasif.

— Je ne sais pas trop. On va peut-être aller au *skatepark* en fin de journée.

Satisfaite de son enquête, Miss Marple[3] retourne à la cuisine, sans doute pour prendre son déjeuner. Nous disposons donc de quelques minutes de tranquillité relative. Lennon écrit :

> Voici : je voudrais que tu ailles en Angleterre pour récupérer mon banjo. J'espère que ça ne t'ennuie pas trop.

Serge et moi n'en croyons pas nos yeux. Nous nous dévisageons, encore une fois complètement éberlués.

---

3. Miss Marple est une détective privée qui apparaît dans plusieurs romans d'Agatha Christie.

Serge s'exclame :

— Il est encore plus fou que je le pensais, ce Lennon. Aller chez lui en Angleterre pour récupérer son banjo ?!

— Chuuuut, dis-je en imitant le son d'un chat en colère.

J'ai à peine terminé mon feulement de félin frustré qu'un jappement enjoué me répond de l'extérieur. Serge et moi nous précipitons vers la fenêtre, juste à temps pour voir Penny détaler comme une lapine, Pepper sur les talons.

16

Penny nous écoutait-elle par la fenêtre ? Et depuis combien de temps ? A-t-elle entendu les propos de Serge ? Je suis très contrarié, car son attitude me prouve qu'il n'y a vraiment rien à son épreuve. Que va-t-elle répéter maintenant et à qui ? Je me vois déjà, à la rentrée, être la risée de l'école avec cette histoire de *chat* avec John Lennon. Serge interrompt mes réflexions en sortant un juron inhabituel :

— Cibole ! J'étais sûr qu'elle était rentrée chez elle. Tu crois qu'elle a entendu ?

— Le contraire me surprendrait. Quand elle a quelque chose en tête… Qu'est-ce qu'on fait maintenant ? On la paie pour acheter son silence ?

— Rien pour l'instant. On la questionnera tout à l'heure et on avisera. Réponds plutôt à Lennon, c'est plus intéressant.

— Facile à dire : « réponds ». Et qu'est-ce que je lui dis ? « Pas de problème, mon John ! Je saute dans le premier avion et, hop, je rapporte ça ici, tout juste à temps pour aller me faire poser des broches ! »

— Bien non, voyons ! Posons-lui d'autres questions. Ce n'est pas sérieux, tu vois bien !

Je réfléchis quelques secondes et j'écris :

> Admettons que je puisse m'y rendre, retrouver l'instrument et revenir, à quoi cela me servirait-il ? Je ne joue d'aucun instrument, et ce n'était pas dans mes plans de me mettre à l'étude du banjo.

> Ne fais pas de blagues avec ça, Renaud. Je suis sérieux. De nos jours, vu ma notoriété posthume, cet objet vaut une fortune. Je souhaite qu'il soit vendu et que l'argent serve à une bonne cause, comme la construction d'un hôpital ou d'un orphelinat pour les enfants victimes de la guerre dans de nombreux pays. Ça me tient beaucoup à cœur.

Je jette un regard à Serge, qui m'explique :

— Hier soir, j'ai fait des recherches sur Lennon. C'est vrai que c'était un grand pacifique. Il a même fait un *bed-in* à Montréal avec Yoko, en mai 1969.

— Il a déjà mentionné ça lors de notre première conversation.

— Tu te rends compte ? Ils ont passé deux semaines au lit à l'hôtel Reine Elizabeth pour dénoncer la guerre au Vietnam !

— Ça a donné quelque chose ?

— Je ne sais pas. En tout cas, ils ont fait parler d'eux et de leur cause. Imagine un peu les deux tourtereaux qui reçoivent les journalistes en pyjama !

— Chose certaine, il a l'air d'y tenir, à son banjo.

Je tape encore :

Donnez-moi des instructions plus précises, et je verrai si je peux vous aider. Mais je ne garantis rien ! C'est loin, l'Angleterre !

D'accord. Les instructions sont prêtes depuis longtemps. J'attendais impatiemment que l'occasion se présente. Heureusement, te voilà ! Donne-moi ton adresse courriel et je t'envoie une page d'instructions. Tu n'as qu'à l'imprimer. Cependant, ne perds pas ta feuille, car le dossier s'efface dès son impression. Je ne veux pas que ça tombe entre les mains de n'importe qui, tu comprends ? Cette mission doit rester secrète. D'ailleurs, j'espère que tu n'en as parlé à personne… n'est-ce pas ?

Je choisis de ne pas répondre. Je préfère ne pas lui mentir. C'est peut-être parce qu'il me fait confiance, je ne veux donc pas le décevoir. Pendant que Serge allume l'ordinateur du bureau, je lui envoie mon adresse courriel. Après quelques minutes, je reçois un message accompagné d'un fichier joint. J'ouvre le dossier intitulé *Liverpool : instructions*. Une page complète s'affiche à l'écran. Je l'imprime aussitôt.

Je profite de ce moment pour lui écrire :

Si j'accepte votre mission, vous me parlerez encore du monde où vous êtes, d'accord ? Ici, on se pose bien des questions à ce sujet…

Si tu réussis, peut-être. J'essaierai de te décrire l'au-delà le mieux possible.

Je vais regarder vos instructions et voir ce que je peux faire.

Je suis de plus en plus sceptique, vu la longueur des explications. Serge me consulte du regard pendant que l'imprimante achève de cracher la feuille. Nous nous plongeons aussitôt dans la lecture de celle-ci, curieux de comprendre comment je pourrais récupérer cet objet de l'autre côté de l'Atlantique.

1. La maison où j'ai été élevé s'appelle Mendips. J'y ai habité de 1948 à 1963, avec ma tante Mimi et son mari George, car ma mère n'arrivait pas à prendre soin de moi seule. Mon père était marin et passait tout son temps en mer.
2. Elle est située au 251, avenue Menlove, un boulevard à deux voies, à Woolton, en banlieue de Liverpool.
3. Ma chambre est au deuxième étage. Tu peux y accéder en te hissant sur le toit du porche (sers-toi de la clôture de fer forgé). Ouvre la fenêtre à guillotine en glissant une règle entre les deux fenêtres (c'est ce que je faisais toujours lorsque j'oubliais mes clés).
4. Ma chambre est la plus petite de la maison (environ sept mètres carrés). Tu y verras un lit en bois surmonté d'affiches de vedettes populaires à l'époque. Derrière la tête du lit, juste sous l'affiche de Brigitte Bardot, il y a un grillage qui devait servir à la ventilation. Défais les vis, retire-le et glisse tes mains

à l'intérieur de l'ouverture, vers le haut. Le banjo devrait s'y trouver.

5. Replace le lit et la grille, et rapporte le banjo.
6. Je te laisse ce code-barres pour faciliter tes déplacements.

Bonne chance !

JL

574 37 4980 2

17

Nous avons à peine le temps de terminer cette lecture que mon père entre dans la pièce et nous explique qu'il a besoin du bureau.

— On part bientôt, de toute manière. Je vais travailler avec Serge au lave-auto et ensuite, on avait l'intention d'aller au *skatepark*.

— Parfait, marmonne-t-il distraitement en fouillant un tiroir à la recherche d'un dossier. J'ai un interminable rapport à rédiger. Bonne journée, les gars !

Serge me pousse vers la porte, emportant la feuille imprimée.

— Allons chez moi, propose-t-il. Ma mère est partie. Nous aurons le temps de repenser à tout cela.

— Bonne idée ! De toute façon, ça fait plus de trente ans qu'il est mort. Il ne doit pas être si pressé. On va en profiter pour trouver des renseignements sur lui et sur les Beatles. C'était un groupe important, et je ne les connais pas beaucoup.

— Oui et on devrait aussi écouter leurs chansons ; ça nous mettra dans l'ambiance. D'ailleurs, leur musique n'est pas si ancienne, après tout. Paul McCartney a donné un concert sur les plaines d'Abraham à Québec en 2013. Il avait l'air pas mal en forme ! ajoute-t-il, alors que nous quittons la maison.

— Ouais. C'est dommage qu'il soit mort si jeune, Lennon. T'imagines toute la musique qu'il n'a pas pu composer et qu'on n'entendra donc jamais ?

— J'imagine... répond Serge, distrait, pendant que nous traversons la rue vers chez lui.

De la fenêtre du sous-sol, Penny nous observe. Elle est moins frondeuse, maintenant que nous l'avons prise en flagrant délit. Je ne lui en veux pas vraiment. Elle doit se sentir tenue à l'écart. Elle ne connaît pas beaucoup de monde dans le quartier, à part Serge et moi. Et puis, elle a une face à tout se faire pardonner ! J'espère quand même qu'elle n'a rien entendu.

Nous avons toute la journée devant nous pour essayer de comprendre comment je pourrais parvenir à accomplir cette mission. J'essaie à maintes reprises d'ouvrir l'application, mais sans résultat. Pour une raison que j'ignore, le phénomène semble se produire uniquement à partir de chez moi. Cela nous oblige à patienter jusqu'au soir puisque, de toute manière, mes parents pensent que nous passons la journée au lave-auto. Je préfère attendre qu'ils montent se coucher afin d'être certains de ne pas être dérangés.

Pour patienter, nous passons l'après-midi à faire du *skateboard*. Le soir venu, nous mangeons des hot-dogs en écoutant les chansons des Beatles. Leur style semble avoir évolué rapidement au cours des années soixante. Leurs derniers albums sont très différents de ceux qui datent de leurs débuts. Nous trouvons des centaines de sites à leur sujet. Je vois même des photos de Mendips, la maison dont Lennon parle dans sa lettre. Ça correspond bien à la description qu'il en donne. Nous relisons la lettre à plusieurs reprises et ne comprenons toujours pas comment un simple code-barres pourrait faciliter mes déplacements. D'une manière ou d'une autre, il va bien falloir que je prenne l'avion et que je parte pour au moins deux, trois jours... Que vais-je inventer pour que mes parents me laissent partir sans trop me questionner ? Et surtout, où vais-je prendre l'argent nécessaire pour ce périple ? Ça ne tient pas debout, tout ça.

Nous nous réinstallons dans le bureau dès que mon père monte à sa chambre. Avec une certaine appréhension, j'ouvre l'application et y trouve un message, sans doute laissé par Lennon, qui ressemble à une comptine pour enfants.

> Une souris grise, prise dans sa cage
> Cherche à s'échapper, pour partir en voyage.

Pourquoi cette énigme ? Il me demande un service pour ensuite me mettre des bâtons dans les roues ! Serge réfléchit à voix haute, tandis que j'essaie de repousser Éléonore qui vient fureter à la porte du bureau.

— Je te préviens, Élo, j'ai installé Lastic ici et si tu entres, je vais ouvrir la porte de sa cage ! D'ailleurs, tu devrais être couchée à cette heure-ci, il est tard !

— Souris grise... il parle peut-être de la souris de l'ordi. Je ne vois pas autre chose... dit Serge, qui réfléchit à haute voix. Allumons l'ordinateur, pour voir.

Comme Éléonore s'apprête à se servir de sa seule arme efficace – un hurlement digne d'un loup qui fait un tour de montagnes russes –, je la laisse entrer, cédant à son chantage. Inutile d'alerter mon père, qui aurait tôt fait de se pointer, lui aussi.

— Va pour la souris… mais il n'y a pas de cage. À moins qu'il parle de celle de Lastic, dis-je en replongeant le regard dans l'écran bleu.

— Bien non, voyons, il ne peut s'agir d'une vraie cage s'il ne s'agit pas d'une vraie souris. Restons logiques. Il faut que ça ait un rapport avec l'ordinateur. Un logiciel, peut-être. Ta sœur n'a pas un logiciel, un jeu dans lequel il y a une souris ?

— Non…

Pendant que nous nous creusons la tête, Éléonore s'approche de la lettre des directives avec un crayon-feutre. J'intercepte son geste tout juste avant qu'elle ne barbouille le précieux document. Elle pose alors son petit doigt au bas de la page en pointant le code-barres et me demande candidement :

— C'est quoi, ça ?

Je suis en train d'articuler les premières syllabes de ma réponse, quand un déclic se fait dans ma tête.

— Le code-barres ! dis-je à Serge. Il a écrit que c'est pour faciliter mes déplacements. Et s'il représentait la fameuse cage dont il est question dans l'énigme ?

18

— T'as peut-être raison ! Ça peut avoir l'air d'une cage, ces barreaux verticaux.

— Mais alors..., dis-je en saisissant la souris. Si la souris veut en sortir, il faut peut-être simplement la passer sur le code-barres.

— Oui ! Je suis sûr que c'est ça. On essaie ?

Nous nous interrompons lorsque maman vient chercher Éléonore pour qu'elle se couche. Après les recommandations d'usage, elle nous laisse seuls avec l'ordinateur, qui nous fixe de son géant œil bleu rectangulaire. Un frisson se promène allègrement entre mes omoplates, ajoutant à mon indécision.

Je ne suis pas convaincu d'être prêt à tenter l'expérience immédiatement. Que va-t-il m'arriver si ça fonctionne ? Vais-je mourir moi aussi et me retrouver dans un monde étrange, entouré de spectres, à bavarder avec Michael Jackson ? Que veut dire Lennon au juste quand il écrit vouloir faciliter mes déplacements ? À quoi dois-je m'attendre exactement ? Je regarde ma montre, pensif. Puis je m'adresse à mon ami qui s'impatiente, la main posée sur la souris.

— Il vaut mieux attendre un peu. Je préfère que mes parents soient endormis. Il ne faudrait pas qu'ils soient témoins de ça, tu comprends ?

— En effet, surtout qu'on ne sait pas trop ce que « ça » implique exactement.

— En fait, je pense qu'il vaudrait mieux attendre à demain matin pour tenter l'expérience. Qu'est-ce qui va se passer, d'après toi ? dis-je, inquiet.

Je me sens comme à la veille d'une compétition importante. J'ai hâte de connaître l'issue de la course, mais en même temps, j'appréhende celle-ci. D'abord, les épreuves ne s'appellent pas « épreuves » sans raison. Elles sont toujours très exigeantes, en particulier le papillon. Chaque muscle et chaque articulation de mon corps me fait souffrir pendant la course. Je dois néanmoins garder le rythme, envers et contre tout. Sinon, je laisse le champ libre à mes adversaires et... adieu les médailles ! Adieu les regards envieux ! Adieu les félicitations ! Je ne sais pas pourquoi je pense soudainement à la natation.

Ça n'a aucun rapport avec ce qui se passe ici en ce moment...

Serge semble autant perdu dans ses pensées que moi. Au lieu de répondre, il se contente de faire un rictus bizarre en hochant la tête. Puis, il soupire et me dit finalement :

— Tu sais, Renaud, j'avoue que je me sens complètement dépassé par tout ça. C'est complètement surréaliste, mais il semble vraiment qu'on soit entrés en communication avec John Lennon, ou à tout le moins avec son esprit. En tout cas, il a l'air vraiment au courant de ce qui se passe dans l'au-delà. Quant à savoir ce qui va arriver avec la souris, là, ça me dépasse carrément. Je pense que tu as raison, on ne devrait peut-être pas précipiter les choses et attendre au moins à demain matin.

Sur ces mots, mon ami repart, me promettant d'être de retour dès le lendemain, au moment où la nuit cède sa place à l'aube. Quant à moi, je me couche, encore plus perplexe que la veille, comptant sur le grabuge matinal émanant du cerisier pour me réveiller. Je finis par sombrer dans le sommeil, épuisé d'avoir trop réfléchi aux implications possibles de toute cette histoire.

19

Vers six heures du matin, j'entends le bip familier d'un message texte. C'est Serge m'avertissant de son arrivée devant chez moi. J'étais réveillé depuis quelques minutes, essayant de rassembler le courage nécessaire pour tenter des expériences dont les instructions me viennent d'un autre monde. Je me lève prestement. Pas besoin de m'habiller, puisque j'ai dormi avec mes vêtements. Je mets mon précieux téléphone dans ma poche et dévale l'escalier le plus silencieusement possible, en souhaitant ne réveiller personne. Je fais entrer Serge par la fenêtre du bureau. Dès qu'il pose les pieds sur la moquette, il m'interroge du regard, curieux.

— C'est bon, lui dis-je, j'essaie. Ça ne peut pas être si terrible, tu ne penses pas ?

En guise de réponse, mon ami pousse la souris vers moi. Je m'installe devant l'ordinateur et saisis résolument la souris, le cœur battant. Au moment où je la fais rouler sur le code-barres, un phénomène absolument invraisemblable se produit. Je me sens aspiré vers le filage du PC et, en une fraction de seconde, tout disparaît. Serge, l'écran, le bureau… tout. Je me sens tourbillonner comme à l'intérieur d'un kaléidoscope géant, plein de filaments qui me frôlent. Il y a aussi des centaines de trampolines aux formes diverses sur lesquels je rebondis de droite à gauche, je virevolte, incontrôlable, dans un univers fait de 1 et de 0, à l'infini, et je comprends subitement que je me suis… virtualisé !

Puis d'un coup sec, cet univers invraisemblable disparaît et je me retrouve cul par-dessus tête sur un plancher de bois. La lumière est atténuée, je ne distingue pas grand-chose dans la pénombre, à part une horloge illuminée à l'effigie de la bière Guinness et qui affiche onze heures.

Je m'assois péniblement en essayant de reprendre mes esprits. Je pense que je me trouve dans un café ou plutôt dans un bar. Il y a un miroir derrière un grand comptoir de zinc, qu'entourent une douzaine de tabourets en cuir rouge.

L'endroit est désert. Heureusement, car je me demande bien ce que j'aurais pu donner comme explication. Où suis-je ? Au moins, si Serge était là.

Que pense-t-il de tout cela ? Je dois être disparu du bureau ! Et que vont dire mes parents ? Ils se lèveront sans doute bientôt ! J'imagine que Serge pourra inventer quelque chose de plausible pour expliquer ma disparition.

En pensant à tout cela, je me retourne et aperçois derrière moi trois ordinateurs alignés le long du mur. Celui du milieu est allumé. Serais-je arrivé par là ? Est-ce que je rêve ou suis-je en train de perdre la tête ? Après quelques minutes, je m'approche de la devanture du commerce. Dans les fenêtres à carreaux, une inscription est peinte. Je déchiffre donc, à l'envers :

The Elephant Pub
Best ale in town
Open from 11:30 to 2 am
8 days a week[4]

Puis, je regarde l'ardoise affichée au mur. Les prix sont indiqués en livres sterling. Je serais donc bel et bien en Angleterre ? Le truc du code-barres aurait fonctionné et je serais rendu à Liverpool, tout près de la maison de Lennon ?

---

4. *Eight days a week* est le titre d'une chanson des Beatles enregistrée en 1964.

Je retourne précipitamment à l'ordinateur allumé et je réfléchis quelques instants. Si j'utilise mon téléphone et que je suis en Europe, ça va me coûter une fortune en frais d'itinérance. Par contre, il faut absolument que je parle à Serge, ne serait-ce que pour savoir ce qui s'est passé dans le bureau. Je décide d'opter pour Facebook. J'espère que Serge aura la bonne idée de s'y connecter lui aussi. Anxieux, je m'installe à l'ordinateur. Pourvu que Serge soit là. Après quelques secondes, je constate avec grand soulagement qu'il m'écrit :

T'es où, Renaud ? T'es disparu, envolé !

Ça va. On dirait que je suis entré dans l'ordinateur. C'est impossible à expliquer. Je pense que je suis en Angleterre. Je me trouve dans un bar anglais et les prix sont affichés en livres.

Un pub. Tu es dans un pub !

C'est possible, mais il y a des ordis. C'est sûrement un café Internet. Il n'y a personne, ce n'est pas encore ouvert.

Donne-moi l'adresse, je vais regarder sur Google Maps et je te redonne des précisions.

Je n'arrive pas à lire l'adresse du pub, qui doit être affichée sur la devanture. Par contre, j'arrive à déchiffrer celle du commerce en face, ainsi que le nom de la rue, écrit sur une affiche posée directement sur le mur de l'édifice faisant le coin. Je tape à l'intention de Serge :

22 Woolton Street.

J'attends quelques secondes, puis il me revient.

C'est ça! C'est sûr que tu es à Woolton... et c'est à quelques pâtés de maisons de l'avenue Menlove... C'est incroyable! Tu y es! Ça fonctionne! Te rends-tu compte?!

Ce dont je me rends compte, c'est que je commence à être sérieusement paniqué. Il ne s'agit manifestement pas d'un rêve. J'ai vraiment été téléporté par Internet grâce à la souris... Je voyais bien qu'il se passait quelque chose de spécial chez moi, mais là, je comprends que le pouvoir provient sans doute de ces objets confectionnés par Serge. Cependant, ce qui m'inquiète, c'est le retour... Comment vais-je faire pour rentrer chez moi ? Déjà qu'il faut que j'aille dénicher un banjo emmuré depuis cinquante ans dans un endroit qui m'est totalement inconnu... passe encore. Mais emprunter le chemin de retour pour arriver à la maison sans que mes parents mettent la Sûreté du Québec à mes trousses et à temps pour mon rendez-vous chez l'orthodontiste... Heureusement, Serge me ramène à la réalité.

Y a-t-il une imprimante ?

Je ne pense pas...

Alors, regarde bien la carte que je t'envoie et mémorise les détails. Sors du pub et prend la rue Mason, ensuite, tourne à droite sur la rue Church. Tu devrais voir la grosse tour carrée de l'église St. Peter's. Passe devant l'église et tourne à gauche sur la deuxième rue. Continue jusqu'à l'avenue Menlove. Mendips sera à ta droite. Et fais attention en traversant la rue ! Les automobilistes roulent du côté gauche en Grande-Bretagne !

Me rendre à Mendips ne m'inquiète pas trop. C'est le retour à la maison qui me pose problème.

J'avoue que je ne sais pas trop quoi te dire. Lennon va peut-être nous envoyer encore une devinette ou un code d'accès quelconque. As-tu ton téléphone ?

Oui, mais je ne pense pas qu'il fonctionne ici. Et puis, imagine-toi les frais d'utilisation ! On est mieux de rester en contact par Facebook. Je ne sais vraiment pas comment je vais revenir…

Au pis aller, tu prendras l'avion… tes parents vont certainement accepter de te payer le billet de retour.

J'imagine un peu ce que j'aurais à endurer comme engueulade s'il fallait en arriver là. Je continue à communiquer avec Serge, mon seul lien avec la réalité.

Écoute, le pub ouvre dans vingt minutes. Je vais essayer de sortir discrètement dès que quelqu'un aura déverrouillé la porte. Je calcule environ une heure pour me rendre à Mendips, trouver l'objet et revenir. Si dans une heure et demie tu n'as pas de mes nouvelles, pourrais-tu…

Prévenir tes parents ?

Non ! Surtout pas. Pourrais-tu… venir à ma recherche ? Tu n'as qu'à passer la souris sur le code-barres.

Je sais.

Agrippe-toi comme il faut à son câble. Tu dois l'arracher et l'apporter avec toi si on veut revenir. Prends la lettre, aussi. À cause du code-barres. OK ?

OK, j'vais faire mon possible.

J'entends le carillon de clochettes qui signale l'ouverture de la porte d'entrée. Je me dépêche de conclure avec Serge avant de me dissimuler derrière une porte.

Je me cache dans les toilettes. Quelqu'un est en train d'ouvrir la porte d'entrée. *Bye !*

20

J'ouvre la porte de ce que les Britanniques appellent les WC, pour *water-closet*, et me trouve dans un minuscule réduit, décoré de graffitis qui donnent aux murs une allure de manuel d'anatomie. J'entends à présent des cliquetis de vaisselle et devine que l'employé se trouve au comptoir en train de laver des verres. Je dois donc attendre qu'il me tourne le dos pour espérer me faufiler hors d'ici.

Après quelques minutes de silence, j'entrebâille légèrement la porte et aperçois l'employé. Il a sorti un aérosol et s'applique maintenant à astiquer le comptoir. Arrivé au bout de celui-ci, il se retourne pour concentrer ses énergies et ses jets d'ammoniac sur le grand miroir. J'en profite pour me faufiler hors du commerce. Je me glisse à quatre pattes, en longeant les tabourets afin qu'il n'aperçoive pas mon reflet dans la glace.

Je ne suis maintenant qu'à deux mètres de la porte d'entrée. Je me rappelle alors que celle-ci bute sur des clochettes dès qu'on l'entrouvre. Comment vais-je donc arriver à m'éclipser discrètement ?

Je jette un vif coup d'œil par-dessus mon épaule. L'employé est toujours occupé à frotter le miroir. Je décide de jouer le tout pour le tout. Je saisis la poignée, ouvre la porte, me lève et me retourne en faisant semblant d'entrer. Le bruit du carillon attire l'attention du barman. Ce dernier se retourne et je ne trouve rien d'autre à lui dire, dans le meilleur anglais que je connaisse, que :

— Um, *good morning… Can I use your restrooms*[5] ?

— *Sure !* répond-il en me faisant signe d'un coup de menton en direction du minuscule réduit puant où je viens de passer les dix dernières minutes.

— *Thank you*, dis-je en retournant vers les WC, forcé de m'y enfermer une seconde fois, comme si je n'avais que ça à faire.

Décidément, comme première impression de l'Angleterre, on aurait pu trouver mieux ! Après quelques

---

5. « Bonjour… Puis-je utiliser vos toilettes ? »

minutes, pour que l'illusion soit parfaite, je tire la chaîne pendue au réservoir et actionne le robinet. Ensuite, je repasse devant le gars, debout cette fois, en essuyant mes mains humides sur mon t-shirt neuf.

— *Have a good day!* me lance-t-il en même temps qu'il lance son linge à vaisselle sur le robinet.

— *Same to you*, dis-je, un peu gêné de ne rien consommer.

J'aurais dû penser apporter un peu d'argent anglais!

Je me retrouve enfin sur le trottoir. Je prends la rue Mason et débouche sur la rue Church. Je regarde autour de moi, levant les yeux pour essayer d'apercevoir une église quelconque. Heureusement, je vois sur ma droite une imposante tour carrée qui doit servir de clocher. Tout va bien jusqu'à présent. Un muret de pierre entoure un ancien cimetière qui jouxte la vieille église. Celle-ci se dresse maintenant devant moi, majestueuse, ses pierres de grès rougeâtre contrastant avec le vert foncé des arbres centenaires qui entourent St. Peter's. Son horloge semble m'observer de haut, indiquant 11 h 35 de ses longs bras rotatifs.

Au moment où je mets le pied dans la rue pour traverser de l'autre côté, une voiture klaxonne dans un crissement de pneus. Par habitude, j'ai regardé à gauche. La voie était libre de cet angle, car les voitures arrivent en trombe sur la droite ! Serge m'avait pourtant bien averti ! Il va falloir que je fasse attention, sinon je n'arriverai jamais vivant à Mendips.

21

Je réussis donc à franchir l'obstacle des voitures roulant du mauvais côté de la route. Je longe maintenant le muret de pierres, surmonté d'une clôture en fer. Des lilas laissent échapper des effluves par-dessus le mur qui me dévoile çà et là des grappes mauves, dont la floraison tire à sa fin. Je presse le pas et continue à me diriger vers Mendips. J'arrive enfin à l'intersection de l'avenue Menlove, qui me mènera à mon objectif final.

J'essaie de reconstituer l'image mentale de la carte dans ma tête. Selon moi, la demeure de Lennon se trouve à droite. Il y a beaucoup d'activités dans la rue en ce mardi matin. De vieilles dames distinguées promènent leurs petits chiens alors que d'autres, plus jeunes, poussent des carrosses de bébés. Il y a pas mal de circulation. Cette banlieue de Liverpool semble vivre au rythme d'une ville moderne, malgré l'allure antique qu'elle a su conserver au cours des années.

J'emprunte résolument cette belle artère bordée d'arbres et cherche des yeux la maison natale de John Lennon. Je l'aperçois bientôt à quelques dizaines de mètres. C'est une jolie villa jumelée, recouverte de stuc gris. Les fenêtres en saillie sont particulièrement jolies, car elles sont ornées de vitraux. À l'entrée, un vestibule recouvert d'un toit me donnera accès à la fenêtre de l'étage, comme l'expliquait Lennon dans ses instructions.

Heureusement, la villa semble inhabitée. C'est la première fois de ma vie que je dois entrer par effraction dans une maison privée, et cela ne me plaît pas du tout. Cependant, le fait d'être mandaté par l'illustre ancien propriétaire procure une certaine légitimité à cette opération illégale. Il ne faudrait tout de même pas me faire arrêter. Je me vois mal expliquer aux gendarmes : « C'est John Lennon qui m'a demandé de venir chercher son banjo ! 'Scusez-moi ! Y a-t-il un problème ? »

Bon, je regarde autour de moi, tout semble calme, à part un chien qui aboie dans le voisinage. Ce n'est certes pas une bonne heure pour escalader la façade de cette maison, avec tout le monde qui passe sur l'avenue. Par contre, un grand arbre pousse directement devant, et je compte sur cet allié végétal pour me dissimuler aux regards indiscrets.

Une grille en fer forgé ferme l'accès au côté de la villa. Sur celle-ci, un écriteau indique qu'il s'agit bien de Mendips, la résidence d'enfance de l'illustre musicien. Je prends donc mon courage et les barreaux de la clôture à deux mains et j'entreprends mon escalade, les dents serrées et la gorge sèche.

Je me surprends moi-même de mon aisance. En deux enjambées, je me retrouve sur le toit du porche et m'y tapis pendant quelques secondes, afin d'être certain que personne n'a observé mon manège. Je suis surpris qu'il n'y ait aucun gardien. À moins que la résidence ne soit protégée par des caméras ou un système d'alarme. Ou pire, par des molosses agressifs et affamés qui ont été nourris de céleris au cours des deux dernières semaines ! Dans tous ces cas, je serais dans de beaux draps. Je chasse cette perspective et observe plutôt la fenêtre au-dessus de moi. La section du milieu s'ouvre verticalement. Je me redresse rapidement et essaie de la soulever. Elle ne bronche pas, étant évidemment verrouillée.

J'utilise alors ma carte d'autobus et la fais glisser dans l'interstice entre les deux fenêtres. Comme indiqué dans les instructions, ce simple mouvement de va-et-vient déplace le loquet qui bloquait l'ouverture de la fenêtre. Ainsi déverouillée, celle-ci se soulève facilement et me laisse entrer. Un jeu d'enfant !

Je suis vraiment surpris. Serait-ce un piège ? Aucune alarme ne se déclenche, personne ne vient à ma rencontre. Eh bien, tant mieux ! Ce n'est pas moi qui vais me plaindre de manquer de spectateurs lors de ma première entrée par effraction.

J'atterris dans une chambre assez grande, meublée d'un lit double et décorée de faïences et de dentelles. Il ne s'agit manifestement pas de la chambre d'un ado. Je me dirige donc vers l'arrière et j'entre sur ma gauche dans une pièce minuscule, elle aussi percée d'une fenêtre en verre plombé orné de motifs de tulipes. Tout de suite à droite de la porte, un lit étroit en bois brun est adossé à la cloison. Des affiches d'Elvis Presley épinglées au mur font office de décoration. Je suis maintenant certain de me trouver au bon endroit.

Derrière la tête du lit, à mi-hauteur, le mur devient soudainement plus épais. Cet élargissement d'environ trente centimètres sert de tablette, sur laquelle un antique haut-parleur en bois est déposé.

On dirait qu'il attend là depuis des siècles ! Au-dessus de cette corniche, punaisée au mur, une affiche d'une blonde sulfureuse me sourit. Il s'agit probablement de Brigitte Bardot, que Lennon mentionnait dans ses instructions.

Sans perdre davantage de temps, je tire le lit et me glisse derrière la tête. Comme prévu, une grille métallique d'environ soixante centimètres sur vingt ferme une ouverture. Je m'attaque aussitôt aux quatre vis qui la retiennent au mur. Une pièce de dix cents trouvée dans ma poche me sert de tournevis. L'opération est malaisée, car les vis sont sédimentées sous plusieurs couches de peinture.

Au moment où je viens à bout de la troisième vis, je perçois avec horreur le bruit de la porte d'entrée. Je sors précipitamment de mon enclave pour jeter un coup d'œil à la fenêtre : un autobus est stationné devant la maison et plusieurs personnes, des touristes probablement, en descendent, caméra à la main ! « Merde », me dis-je, affolé. Cette maison est ouverte au public. J'ai vraiment été stupide de ne pas y avoir pensé plus tôt. Toute cette décoration démodée aurait dû me mettre la puce à l'oreille. Lennon aurait pu me prévenir, il me semble.

J'entends maintenant distinctement une guide anglaise qui décrit les pièces du rez-de-chaussée. Je conclus qu'il me reste quelques minutes pour retrouver le banjo et sortir d'ici. Comme une seule vis résiste toujours, je préfère gagner du temps en faisant pivoter la grille autour de son unique point d'ancrage. Je m'accroupis ensuite et j'insère le bras jusqu'à l'épaule dans cette sombre ouverture. Je tâtonne quelques secondes à l'aveuglette en palpant de vieux tuyaux poussiéreux, puis je pose soudainement les doigts sur les cordes et le manche d'un instrument. Ça y est !

Je l'extirpe de ses oubliettes, non sans mal à cause de la longueur du manche, et je replace la grille sans prendre le temps de repositionner les vis. Sous les cordes, un petit carnet de notes est coincé. J'ai tout juste le temps de le glisser dans la poche arrière de mon jean alors que j'entends la guide annoncer :

— *Now, let's take a look at the upper floor*[6] !

---

6. « Allons maintenant jeter un coup d'œil à l'étage supérieur. »

22

J'ai tout juste le temps de repousser le lit à sa place et de me glisser sous ce dernier avant qu'un groupe de personnes ne se rue dans la célèbre chambre. Je tiens l'instrument poussiéreux serré contre moi en essayant de ne pas respirer, tandis que des douzaines de souliers passent à quelques centimètres de mon visage. J'espère seulement que personne n'aura l'idée de regarder sous le lit.

J'estime que tout le monde sera parti d'ici un quart d'heure. Il ne me reste plus qu'à prendre mon mal en patience. Après quelques minutes, la chambre se vide et je recommence à respirer plus normalement. Ma position est très inconfortable. Je suis couché à plat ventre sur un plancher de bois dur comme... un plancher de bois ! À côté du lit, il y a une douillette moquette, du genre tapis oriental, qui ne sert qu'à me donner envie d'éternuer. Je ne peux pas me retourner ni me déplacer sans risquer d'éveiller des soupçons. En plus, quelque chose m'irrite au niveau du cou, je sens comme un picotement. J'espère qu'il ne s'agit pas d'un perce-oreille ou d'une autre bestiole hideuse qui se complaît sous les lits !

N'en pouvant plus, je me contorsionne afin de passer la main dans le col de mon t-shirt. C'est avec soulagement que je tombe sur l'étiquette de ce vêtement que je viens de recevoir pour ma fête. Je l'arrache prestement, trop content de me débarrasser de cet irritant vraiment insupportable.

J'en profite pour jeter un coup d'œil à ma montre. Il est déjà midi trente ! Si ces touristes ne décampent pas bientôt, Serge fera lui aussi le petit geste qui nous permet de franchir un océan instantanément. Je préférerais éviter cela et essayer de rentrer par mes propres moyens, maintenant que le plus difficile est accompli.

Je perçois enfin les conversations des gens qui se dirigent vers l'extérieur, et c'est avec soulagement que je commence à me faufiler hors de ma cachette… lorsque j'entends la guide saluer un confrère qui semble arriver avec son troupeau bien à lui.

— *Hi Edward ! I was just about to leave !*

— *Great timing ! These Japanese tourists are very eager to visit the house*[7] *!*

Je n'ai d'autre choix que de reculer à nouveau, tel un bernard-l'ermite qui hésite à mettre le nez hors de sa coquille. Combien de temps devrai-je encore rester coincé ici, à regarder passer des souliers venus de tous les pays du monde ?

C'est maintenant le troisième groupe de touristes qui défile dans la maison, en plus des gens qui entrent à tout moment sans être accompagnés. Je commence à être ankylosé, et ne vois pas comment je vais pouvoir sortir d'ici, surtout encombré d'un banjo très peu discret. Elle n'aurait pas pu jouer de l'harmonica, la mère de John ?

Ces longues minutes passées sous le lit me donnent le temps de réfléchir à ce qui m'est arrivé dans les derniers jours. D'abord, le fait d'entrer en communication avec un mort est déjà extrêmement troublant. Ensuite, je me rends compte qu'il s'agit de l'ex-Beatles assassiné. Je discute donc avec une célébrité incontestable. Pour couronner le tout, cette capacité que me fournit le hasard, combinée à des propriétés

7. « Salut, Édouard, je m'en allais justement. — Parfait ! Ces touristes japonais ont très hâte de visiter la maison. »

insoupçonnées de la souris et sans doute aussi de l'étui à téléphone que Serge m'a offerts, me donne un pouvoir absolument extraordinaire : celui de me virtualiser et de me promener instantanément d'un continent à l'autre. Je me demande si ce n'est pas dû aux matériaux que mon ami a utilisés et qui proviennent du camp spatial. Il faudrait que je le questionne davantage à ce sujet. Toutes ces réflexions génèrent un tas de questions qui se bousculent dans ma tête.

Pourrais-je répéter cet exploit ? Vais-je arriver à communiquer avec d'autres personnes décédées, ma grand-mère qui me manque tant, par exemple ? Que vais-je faire de cet immense pouvoir ? C'est un privilège extraordinaire dont j'ai hérité, il y a quelques jours : je vais devoir être vigilant et rester très discret. Ma vie risque de devenir infernale si les médias ou le gouvernement venaient à apprendre cela.

Plus le temps passe, plus je me dis que mes parents vont remarquer ma disparition. Et puis, à l'heure qu'il est, si Serge tient sa promesse et réussit le voyage, il doit lui aussi être arrivé à Woolton. Il ne pourra jamais passer par la fenêtre, avec tout ce va-et-vient. C'est sans compter son arrivée au pub devant plein de clients accoudés au bar !

Dans quel pétrin me suis-je vautré ? Et comment vais-je pouvoir m'en sortir ?

Je suis en train de ressasser tous ces scénarios dans ma tête sans entrevoir d'issue possible lorsqu'un autre groupe fait irruption dans la pièce. De ma cachette, un étrange spectacle s'offre à moi : des chaussures diverses paradent toutes seules devant mes yeux, comme amputées de leur propriétaire dont je n'aperçois que les chevilles. Mon regard est attiré soudain par une paire d'espadrilles blanches, démodées, lacées en vert fluorescent. Le tout est agrémenté de bas rayés brun et beige, qui se remarquent facilement grâce à un jean trop court. Il ne peut s'agir que de Serge. Qui d'autre se promène encore affublé ainsi ? Qui d'autre tiendrait sa promesse jusqu'à venir me chercher à l'autre bout du monde ? Je ne fais ni une ni deux et saisis fermement une de ses chevilles au passage. Je l'entends qui pousse un hurlement hystérique, alors que tous les autres visiteurs se taisent, sans doute paralysés de frayeur par le cri primal[8] de mon ami.

---

8. Le cri primal est le tout premier pleur d'un bébé à sa naissance. C'est aussi le nom d'une sorte de psychothérapie mise au point par Arthur Janov et qui était très populaire pendant les années 1970. John et Yoko l'ont suivie pendant quelque temps.

23

Le hurlement de Serge a créé toute une commotion à l'étage de la célèbre villa. Subitement, les bavardages des touristes ont cédé la place à un grand silence. Le malaise est palpable, même d'où je me trouve sous le lit. J'imagine tous les visiteurs en train de dévisager mon ami. J'aurais peut-être dû essayer d'attirer son attention plus discrètement. J'avoue que je n'ai pas réfléchi... ça doit être assez traumatisant de se faire ainsi agripper une cheville par une main invisible qui surgit subitement de sous un meuble. Moi, en tout cas, j'ai toujours eu un peu peur que ça m'arrive, même dans ma propre chambre.

Après quelques interminables secondes, j'entends Serge balbutier dans un mauvais anglais :

— *Sorry ! Um, it's the emotion. I am a big fan of Lennon, and it made me scream when I come in his bedroom.*

Visiblement mal à l'aise, la guide lui répond :

— *Oh ! Okay. But you've frightened us a great deal.*

— *Yes, sorry again*[9]…

Puis, il a la présence d'esprit de demander :

— *Do you mind leaving me alone for a few minutes to enjoy this special moment*[10] ?

J'entends son interlocutrice qui acquiesce, suivi du remue-ménage de gens quittant la pièce. Mon ami n'a vraiment pas froid aux yeux ! Lui qui est plutôt introverti d'habitude, je le reconnais à peine. Dès que la pièce est vide, il se penche pour regarder sous le lit. Il me dit en chuchotant le plus fort possible :

— T'es fou ou quoi ? J'ai failli mourir de peur !

Je n'ose pas sortir de ma cachette, mais je lui réponds tout de même :

— Que voulais-tu que je fasse d'autre ? T'appeler devant tout le monde : « Coucou, Serge, je suis là, sous le lit ! »

Ne sachant que répondre, il passe au plus urgent.

— T'as trouvé le banjo ?

— Oui. Comment je vais faire pour sortir d'ici ? Il y a du monde sans arrêt.

---

9. « Désolé ! C'est l'émotion. Je suis un fervent admirateur de Lennon, et ça m'a fait crier quand je suis entré dans sa chambre. — Oh ! D'accord. Mais vous nous avez vraiment fait peur. — Oui, encore une fois, désolé… »

10. « Est-ce que vous pourriez me laisser seul quelques minutes pour me permettre de profiter de ce moment si intense ? »

— J'ai vu sur la porte que les visites cessent à dix-sept heures pour reprendre à dix-neuf heures. On sortira donc dès que la maison sera déserte.

— T'as atterri dans le café ? T'as la souris ? Il va falloir trouver comment revenir…

— Oui, c'est complètement fou comme expérience ! T'as vu les 1 et les 0 ? Et tous ces drôles de trampolines transparents qui nous envoient valser d'un côté à l'autre ? C'est vraiment délirant !

J'allais répondre lorsque j'entends quelqu'un entrer. Serge fait semblant d'attacher son lacet, puis il se mêle à la cohue des visiteurs. Je regarde ma montre. Encore quarante-cinq minutes à patienter allongé, avec pour toute compagnie un instrument de musique vieux d'un demi-siècle. La matinée n'est pas encore terminée à Montréal. Néanmoins, dans quelques heures, ma mère va revenir du travail et se demander où je me trouve. Heureusement, mon père pense que nous sommes au *skatepark*. Il va falloir inventer de bonnes excuses si nous restons en Angleterre encore quelques heures et si on nous aperçoit revenir avec le banjo.

Le temps passe somme toute assez vite. Je crois m'être assoupi. C'est vrai que ça fait quelques jours que je dors mal la nuit. Serge me sort du coma en m'annonçant :

— C'est bon, tout le monde est parti. Avec un peu de chance, nous pourrons passer par la porte d'entrée, à moins qu'elle ne soit fermée à clé de l'extérieur. Dans ce cas, on devra emprunter la fenêtre.

En m'extirpant de sous le lit, je lui demande :

— Et toi, par où es-tu entré ?

— Par la porte. Je me suis mêlé à un groupe de touristes et personne ne m'a questionné.

— Et au pub ? Il devait y avoir des clients, quand tu es arrivé ? dis-je en m'étirant, pendant que Serge examine l'instrument de musique.

— Heureusement que je savais un peu à quoi m'attendre ! Mon atterrissage a été plutôt brutal. J'ai roulé à terre, jusque devant la porte des toilettes. Il y avait quatre ou cinq gars debout au bar, prenant un café, mais personne aux ordinateurs, heureusement.

— Qu'as-tu fait pour sortir incognito ? Le barman a dû te voir.

— Si, justement, j'ai tout fait pour attirer l'attention. J'ai fait semblant d'être malade et de vomir dans leur espèce de toilettes. Puis j'ai mis du papier sur ma bouche et j'ai traversé l'établissement en courant, en m'excusant et en expliquant : « *Sorry ! Very strong your Guinness !*[11] » C'est leur bière. Elle a la couleur du coca-cola et, paraît-il, elle a un goût de pétrole aromatisé au médicament. Tu aurais dû voir l'air dégoûté des clients. Je pense que le patron était bien content de me voir partir rapidement, et ils n'ont pas eu le temps de me demander d'où je sortais... C'est donc ça, le fameux banjo de Julia Stanley ?

— Elle s'appelait ainsi ?

— Oui. Et c'est d'ailleurs en son honneur que le premier fils de John s'appelle Julian. Je pense que la mort de sa mère l'a affecté profondément, parce qu'il y fait allusion dans plusieurs de ses textes.

— D'ailleurs, j'ai aussi trouvé un carnet qui était caché dans le banjo. Je pense qu'il a sans doute oublié son existence. En tout cas, il ne m'en a pas parlé. Il faudrait aussi remettre les vis de la grille.

— T'as raison, il vaut mieux ne pas laisser trop de traces de notre visite, répond Serge en déplaçant le lit.

L'opération ne prend que quelques minutes, puis nous remettons le lit en place, sous l'œil médusé de

11. « Désolé ! Elle est très forte, votre Guinness ! »

Brigitte Bardot, qui nous jette des regards langoureux sous ses longs cils charbonnés, tout en nous faisant une moue d'enfant gâtée.

— Elle fait le même air que Penny lorsqu'elle n'est pas contente, dit Serge, comme s'il lisait dans mes pensées.

— Cette chère Penny... Tellement *cute* qu'on lui pardonne tout, même cette manie qu'elle a de se mêler de nos affaires... Mais, sous ses allures de petite fille espiègle, elle a déjà les airs de la femme qu'elle va devenir...

J'ajoute, presque sérieux, tout en empruntant l'abrupt escalier de chêne :

— Penny doit trouver qu'on n'est pas tellement dignes d'intérêt... Brigitte Bardot non plus, d'ailleurs. T'as déjà vu un de ses films ?

— Non, mais on devrait en regarder un en revenant. Il paraît que *Et Dieu créa la femme*[12] nous la montre sous son plus beau jour, répond mon ami, soudainement intéressé par le cinéma français.

Comme de fait, la porte d'entrée est soigneusement verrouillée ; impossible de sortir par là. Nous

12. Brigitte Bardot tenait le rôle principal dans ce film français de 1956.

nous trouvons dans le vestibule que j'ai escaladé tout à l'heure, pendant que Serge m'explique :

— C'est ici que John s'installait pour faire de la musique en paix. Même les Beatles répétaient ici, à leurs débuts, à l'époque où ils se produisaient au Cavern Club. Te rends-tu compte ?

— Ce dont je me rends compte, surtout, c'est qu'il va falloir sortir d'ici en plein jour, par une fenêtre, le banjo de John Lennon à la main. Crois-moi, ce ne sera pas évident.

Au moment où je termine ma phrase, un homme d'une cinquantaine d'années poussant devant lui un chariot d'où dépassent des manches à balai et des plumeaux apparaît devant l'entrée. Il se dirige tout droit vers la porte, en cherchant une clé sur un énorme anneau métallique.

— Un concierge ! dis-je à Serge. Vite, disparaissons avant qu'il nous voie.

24

Nous avons tout juste le temps de nous réfugier dans la petite cuisine qui se trouve en face du salon. Mon ami et moi sommes dissimulés derrière la porte ouverte et retenons notre souffle, en espérant que l'homme commencera ses travaux d'entretien par une autre pièce. Notre souhait semble se concrétiser lorsque nous entendons le bruit d'un aspirateur provenant du salon. Avec d'infinies précautions, Serge et moi nous glissons encore une fois dans le porche vitré et nous nous retrouvons dehors en passant par la porte restée déverrouillée.

Enfin, la chance nous sourit ! Un face-à-face avec cet individu se serait avéré catastrophique. Nous aurions été accusés d'entrée par effraction et de vol !

Serge et moi sommes vraiment heureux d'avoir trouvé l'objet convoité par Lennon et d'avoir accompli avec succès notre mission ! Personnellement, je me sens un peu comme

James Bond à la fin d'un film. Sauf qu'il ne s'agit pas d'un scénario. Nous sommes bel et bien à Woolton, en banlieue de Liverpool. Il n'y a ni cameraman, ni décor, ni acteurs. Il n'y a que nous deux, qui déambulons dans une ville inconnue et devons maintenant trouver le chemin du retour. Serge me demande soudainement :

— Bon, qu'est-ce qu'on fait ? On retourne au pub ?

— Je ne sais pas… Tu penses qu'on devrait essayer de revenir par le même endroit ?

— C'est plus logique, il me semble. De toute manière, ces cafés sont souvent fréquentés par des touristes ou des gens de passage. Je ne pense pas qu'on nous questionne tellement.

— Ouais, dis-je, quelque peu sceptique.

Nous bifurquons un peu à l'aveuglette, distraits par un autobus qui circule sur le boulevard. L'écriteau au-dessus du pare-brise indique la direction du véhicule : Penny Lane[13].

— As-tu remarqué ? me demande Serge en désignant le devant de l'autobus. Encore le titre d'une chanson des Beatles, et en plein le nom de notre voisine !

---

13. *Penny Lane* est le titre d'une chanson des Beatles écrite par Paul McCartney.

— Ça alors ! dis-je. Tu crois que Penny est au courant ?

— Je ne sais pas. En tout cas, sa mère l'a probablement fait exprès. Elle a toute une collection de disques vinyle des Beatles. Elle a peut-être nommé Penny ainsi en souvenir de son groupe préféré. C'était tentant, puisque son nom de famille est Lane.

— C'est vrai, mais c'est bizarre, tout de même, qu'on croise un autobus portant ce nom.

— Pas tant que ça. N'oublie pas que nous nous trouvons en ce moment dans le quartier où John Lennon et Paul McCartney ont passé leur enfance et leur adolescence.

— McCartney aussi ? dis-je, surpris. Tu en sais donc beaucoup sur les Beatles, tout à coup !

— Paul McCartney habitait un peu plus loin. D'ailleurs, c'est précisément lors de la fête de la paroisse St. Peter qu'ils se sont rencontrés pour la première fois... C'était un 6 juillet, en 1957. Ils avaient quatorze et seize ans. Un ami commun les a présentés, après le spectacle que Lennon avait donné avec les Quarrymen sur un char allégorique de la parade.

— Mais comment sais-tu tout ça ?

— Je me suis renseigné au cours des derniers jours. J'ai lu des articles concernant les Beatles et même un livre qui raconte la vie de Lennon. Continuons jusqu'à la rue Beaconsfield, je voudrais voir Strawberry Fields…

Serge ajoute, sur le ton d'un guide touristique :

— Tu savais qu'il s'agissait d'un orphelinat de l'Armée du Salut ? Le père de John y aurait passé son enfance ; son fils y allait souvent pour jouer avec des amis, dans le parc entourant l'édifice.

Notre marche nous mène en direction opposée au pub, mais Serge semble vraiment tenir à aller voir cet endroit, qui porte le nom d'une autre chanson des Beatles. Nous arrivons finalement à un portail fermé par une grille lourdement décorée. Sur une plaque : Strawberry Fields[14]. Je jette un coup d'œil à travers les interstices du portail; on dirait un petit hôpital entouré d'un grand jardin.

Nous revenons ensuite sur nos pas afin de nous diriger à nouveau vers l'église. Pour gagner du temps, nous décidons de passer par l'arrière de l'imposant

---

14. *Strawberry Fields Forever* est une chanson des Beatles écrite par John Lennon en 1966. Elle relate ses souvenirs d'enfance et de son quartier. Strawberry Fields était un grand parc entourant un orphelinat, où Lennon allait jouer quand il était enfant. Aujourd'hui, à New York, un mémorial à Central Park est baptisé ainsi en l'honneur du musicien assassiné.

édifice et de traverser l'ancien cimetière situé à côté. Je tiens le manche du banjo bien serré et suis mon ami à la trace. J'essaie de retenir ma respiration le plus possible. Quand j'étais à l'école élémentaire, un grand imbécile m'a raconté que lorsqu'on traverse un cimetière, si on ne retient pas son souffle, on aspire un peu de l'âme des morts qui y sont enterrés.

Son récit m'avait épouvanté, me rappelant certaines scènes d'Harry Potter avec les Détraqueurs. Bien sûr, je ne crois plus à ces sornettes depuis longtemps, mais en cachette, je continue à retenir mon souffle chaque fois que je passe devant un cimetière. C'est devenu un réflexe, une habitude dont je n'arrive pas à me débarrasser.

— Qu'est-ce que t'as ? me demande Serge. T'es tout rouge !

— Rien, rien. dis-je en expirant. Je... il y a une drôle d'odeur, tu ne trouves pas ?

— Non, je ne sens rien. Mais regarde plutôt cette vieille pierre tombale.

La stèle est gravée aux noms de plusieurs membres de la famille Rigby, dont une dénommée Eleonor[15].

---

15. *Eleonor Rigby* est une autre pièce des Beatles, qui figure sur l'album *Revolver*, sorti en 1966.

— Ce nom aussi me rappelle une chanson des Beatles. Qui est-ce ? dis-je, intrigué.

— Je ne sais pas exactement, mais c'est encore une preuve que ce quartier où vivait John a beaucoup influencé son écriture. C'était sûrement un grand nostalgique de son adolescence.

Nous ne sommes plus qu'à deux coins de rue du pub où nous avons atterri quelques heures plus tôt. Je fais part à mon ami de mes inquiétudes concernant notre retour :

— Et comment on va faire pour rentrer ?

— On va procéder de la même manière que pour l'aller. J'ai la feuille imprimée et la souris, me répond-il, en me montrant les objets en question.

— T'es sûr que ça va fonctionner ? dis-je, quelque peu incrédule.

— On va toujours bien essayer !

À ces mots, je pousse la porte et nous entrons dans le pub, qui est bondé à cette heure-ci. Un seul ordinateur est disponible. Les tarifs sont affichés au-dessus de l'écran. Deux livres pour la première demi-heure. Évidemment, nous n'avons pas d'argent, à part peut-être quelques sous au fond de ma poche, et aucune monnaie anglaise. J'ai envie d'ouvrir mon téléphone et de voir si je peux parler à Lennon, mais j'hésite parce que je suis dans un pays étranger. Je ne voudrais pas que des frais exorbitants s'ajoutent à la facture que mes parents vont recevoir. Ils se demanderaient certainement ce que je pouvais bien faire en Grande-Bretagne aujourd'hui !

À ce moment, un homme se lève d'un poste informatique et se rend à la caisse pour aller régler la somme due. Soulagé, je dis à Serge :

— C'est parfait, on paie à la fin ! Ils risquent d'avoir du mal à nous retrouver pour exiger le paiement !

Le barman nous jette un drôle d'air. Il doit se souvenir de nous et se demander ce que nous faisons encore dans son commerce, à notre âge, avec un banjo. Malgré cela, nous lui demandons d'utiliser un ordinateur. Il s'exécute nonchalamment et nous indique de prendre le numéro 2. C'est parfait, c'est celui par lequel je suis arrivé. Discrètement, Serge se penche, débranche la souris pour installer la nôtre. Il me propose :

— Passe le premier, avec le banjo. Je te suivrai en apportant la souris.

— D'accord, dis-je, tout de même un peu inquiet.

Je passe donc la souris sur le code-barres, tout en agrippant fermement le banjo de la main gauche. J'ai placé le carnet bien au fond de ma poche. La même impression de tourbillon me soulève à nouveau. Mais cette fois, j'ai à peine le temps d'apercevoir les 1 et les 0 que je me retrouve projeté violemment contre le sol.

25

Je suis un peu étourdi, sans doute parce que je me suis frappé la tête. Malgré tout, j'ouvre les yeux le plus vite possible, pressé de vérifier si je suis bien revenu chez moi, dans le bureau.

C'est avec stupeur que j'aperçois, entre mes paupières, nul autre que Serge qui me dévisage béatement ! En regardant autour de moi, je constate que je suis de retour au pub de la rue Woolton. Quelle déception ! Heureusement, nul ne semble avoir remarqué mon aller-retour, à part bien évidemment mon copain tout éberlué.

— Fiou, soupire-t-il de soulagement en saisissant le banjo. Il n'est pas brisé.

— C'est tout ce qui te préoccupe ? lui dis-je en me massant l'arrière de la tête. Ça ne marche pas ! On est coincés ici !

— À bien y penser, c'est logique. Le code-barres nous donne le lien pour nous rendre ici. En le décodant, la souris ne peut faire autrement que de nous faire ricocher.

— C'est pas une souris, c'est un boomerang ! Alors qu'est-ce qu'on fait ? N'oublie pas que je vais me faire poser des broches dans exactement… quatre-vingt-dix minutes ! dis-je en consultant ma montre, découragé.

— Je ne sais pas trop… laisse-moi réfléchir. Pourquoi Lennon ne nous a-t-il pas donné d'instructions plus précises pour le retour ?

— On aurait pu lui demander, aussi, au lieu d'écouter de la musique et de manger des hot-dogs !

— Il est un peu tard pour y penser, répond Serge, manifestement stressé.

— Peut-être que je devrais ouvrir l'application ?

— Inutile, ton téléphone ne fonctionnerait pas ici. Tu n'as pas un forfait international, à ce que je sache. Et puis, il est peut-être en train de draguer Cléopâtre ou Marilyn Monroe au lieu de s'occuper de nous ! ajoute-t-il à la blague, comme pour détendre l'atmosphère.

Soudain, une idée me vient à l'esprit. J'ajoute, en regardant autour de moi :

— Ça nous prendrait un autre code-barres…

Serge me répond, ironique :

— Avec tes idées, on va se ramasser dans un atelier de jouets en Chine ou chez un marchand de tapis d'Islamabad, au Pakistan !

— Non, justement, il nous faut un code provenant d'un magasin montréalais.

— Peut-être, répond Serge, sèchement. Et on va le prendre où, ton prix ? Sur une boîte de sirop d'érable à l'épicerie du coin ?

On dirait qu'il a du mal à admettre que j'ai une bonne idée. C'est vrai que d'habitude, c'est lui qui trouve les solutions aux problèmes. Je lui demande donc :

— As-tu quelque chose à suggérer ?

— Non, pas vraiment. À part appeler à Montréal et se faire acheter deux billets d'avion…

— Et se faire décapiter en arrivant…

Là, nous sommes franchement découragés. Le temps passe et nous n'arrivons pas à voir comment nous sortir de ce pétrin. Les clients du pub bavardent joyeusement, inconscients du problème auquel nous faisons face. Ils nous tournent le dos, assis sur leur tabouret, et ils boivent de la bière en mangeant des sandwiches ou du poisson pané accompagné de frites. Je suis en train de me dire que, moi aussi, je commence à avoir un petit creux quand mon regard se pose sur le biceps tatoué d'un colosse, puis sur l'étiquette blanche qui dépasse du col de son t-shirt... Cela me rappelle celle qui m'écorchait le cou quand je me trouvais sous le lit de Lennon... Je m'adresse à Serge, perdu dans ses pensées :

— Le t-shirt que j'ai reçu à ma fête ! Il était encore neuf quand je l'ai mis, ce matin.

— Et alors ?

— Alors... il y avait encore l'étiquette. Je l'ai arrachée quand j'étais sous le lit, tout à l'heure...

— Tu crois qu'il y aurait un code-barres ?

— Je n'ai pas regardé, mais, souvent, il y en a un.

— Et il vient d'où, ce chandail ?

— C'est ma mère qui me l'a donné. D'habitude, elle achète mes vêtements chez Extremity, un magasin de vêtements de *skate*.

— C'est près de chez nous ?

— Bien oui, voyons ! Sur le boulevard, à côté du casse-croûte. Tu ne sors donc jamais de chez toi ?

Serge me regarde presque insulté et ajoute :

— Disons que, là où on se trouve en ce moment, on est pas mal loin de chez moi. Allons chercher l'étiquette. On n'a rien à perdre.

Il se lève d'un bond, saisissant le banjo. Je l'intercepte avant qu'il ne quitte les lieux.

— Je vais y aller tout seul. Il faut qu'un de nous deux reste branché, sinon on devra payer pour la connexion Internet et ils vont s'apercevoir qu'on n'a pas d'argent.

— C'est vrai.

— Et en plus, je nous vois mal retourner chez Lennon avec son banjo sous le bras. Il ne faut quand même pas faire exprès pour attirer l'attention !

— T'as raison. Je vais continuer à utiliser l'ordinateur en t'attendant, dit-il en se rasseyant.

26

Je commence à connaître le trajet par cœur. Cette fois, je cours le plus vite possible, car j'espère arriver avant la réouverture de la maison. Avec un peu de chance, le concierge aura quitté les lieux et j'aurai le champ libre pour chercher notre billet de retour pour Montréal.

J'arrive devant Mendips en un temps record. Au moins, ma bonne forme physique de nageur m'est utile à l'extérieur de l'eau ! La camionnette du concierge est toujours dans l'entrée. Il travaille peut-être jusqu'à l'arrivée du premier autocar. Je ne peux pas vraiment attendre ni entrer dans la villa sans qu'il s'en aperçoive.

Je décide donc de changer de stratégie et j'opte pour la confrontation. J'arriverai bien à inventer quelque chose. Depuis que j'ai eu l'idée de l'étiquette, je me sens soudainement davantage en contrôle de ce qui se passe autour de moi. Après tout, c'est à moi que Lennon s'est confié. Je dois absolument être à la hauteur de ses attentes. Il n'a pas hésité, lui, à foncer pour défendre des causes humanitaires, comme le retrait des troupes du Vietnam. Revigoré par ces pensées positives, je me dirige vers l'entrée et frappe résolument à la porte.

L'homme d'entretien vient m'ouvrir après quelques minutes, au cours desquelles j'ai frappé à trois reprises. Ce délai m'a permis d'élaborer mon stratagème. Le concierge m'accueille avec le sourire de Winston Churchill[16]. Il me fait vraiment penser à un bouledogue qui vient de passer trois semaines en pension dans une cage chez un vétérinaire. Il me rappelle aussi le directeur de mon école primaire : il avait exactement cet air-là lorsqu'il m'a enfermé dans son bureau pour pouvoir m'engueuler à sa guise, un après-midi d'automne. Je l'avais vraiment fait sortir de ses gonds en refusant d'exécuter une très longue copie, prétextant qu'il y avait un symbole *copyright* au bas de la page. Je me suis bien amusé de le voir aussi en colère, mais je l'ai trouvé moins drôle

---

16. Il s'agit du premier ministre du Royaume-Uni de 1940 à 1945, donc pendant la Seconde Guerre mondiale. Il avait l'air particulièrement désagréable. Le second prénom de John Lennon est Winston, en l'honneur de cet homme d'État qui était au pouvoir l'année de la naissance de John, en 1940.

lorsque j'ai écopé de quatre heures de retenue et de la copie à faire en triple... J'ai tout de même souri de satisfaction quand j'ai remarqué qu'il avait soigneusement masqué l'avertissement de propriété intellectuelle en bas de page avec du correcteur liquide...

Finalement, le concierge entrouvre la porte et me dit d'une voix rauque :

— *Yeaahh ?*

Je prends mon air le plus poli, comme un scout qui a des calendriers à vendre.

— *Hum ! Good afternoon, sir. I visited the house this morning and I lost something. Can I just take a look ?*

— *At seven*, fait-il, en m'indiquant du doigt les heures d'ouverture.

— *But it's very important...*

Je lui montre mon oreille droite et lui raconte :

— *I lost my hearing aid... it's very expensive, and now I am almost deaf*[17]...

Il me regarde, incrédule. Je ne sais pas s'il va gober ce mensonge ou me foutre dehors avec un coup de pied bien placé. Il finit par baragouiner :

---

17. « Euh... bon après-midi, monsieur. J'ai visité la maison ce matin et j'ai perdu quelque chose. Puis-je jeter un coup d'œil ? — À sept heures. — Mais, c'est très important... J'ai perdu mon appareil auditif. Il coûte très cher et, maintenant, je suis presque sourd. »

— *Okay, don't be long.*

Je le fais répéter, juste pour être un tant soit peu crédible…

— *Can you repeat louder, please*[18] *?*

Le bouledogue se met à me hurler par la tête d'entrer et de faire ça vite. Il ne pouvait pas si bien dire… Je me précipite en haut, puis dans la chambre du célèbre musicien. En me penchant sous son lit, je constate avec horreur qu'il n'y a plus un grain de poussière, rien ! Tout est propre ! Bien entendu, la précieuse étiquette a disparu. Elle se trouve sans doute dans les entrailles de l'aspirateur de Churchill.

Celui-ci est d'ailleurs monté derrière moi et me hurle par la tête :

— *Have you found it, boy ?*

Son aboiement me fait sursauter. Je commence à être drôlement stressé. Il me semble que j'ai vécu assez d'émotions pour aujourd'hui. Je n'ai pas le culot de le faire répéter, cette fois-ci.

— *Um, no.*

— *It's probably in the vacuum*[19].

---

18. « D'accord, dépêche-toi. — Pouvez-vous répéter plus fort, s'il vous plaît ? »
19. « L'as-tu trouvé, mon garçon ? — Non. — Il est probablement dans l'aspirateur. »

Je hoche la tête et il me fait signe de le suivre. Il ouvre l'appareil et en sort un sac de papier plein aux trois quarts. Je ne peux pas croire que je vais devoir fouiller là-dedans.

Il me conduit ensuite vers l'arrière de la propriété, qui s'ouvre sur un jardinet. Je m'y installe donc, sans trop savoir comment procéder. Il n'y a pas cinquante-six solutions. Je prends une profonde inspiration, comme si ça pouvait changer quelque chose, plonge ma main dans l'ouverture caoutchoutée et commence à farfouiller dans la poussière. Je n'ai jamais rien fait d'aussi dégoûtant de toute ma vie, à part peut-être quand j'ai laissé tomber la montre de mon père dans la cuvette des toilettes, alors que j'étais assis dessus, et que j'ai dû y plonger la main pour la récupérer. Beurk… Heureusement, la montre fonctionnait encore et mon père ne s'en est pas rendu compte.

Finalement, après deux tentatives ratées, j'extirpe l'étiquette convoitée. La tige de plastique y est encore attachée. Je constate avec soulagement qu'elle porte un code-barres. Je m'empresse de la fourrer dans ma poche et pars en courant par le côté de la maison. Tant pis pour le concierge. Il retrouvera bien son sac dans la cour ! Et puis, même s'il m'interpelle… je ne peux lui répondre... parce que je suis sourd !

J'arrive au pub après avoir couru comme un fou. Un petit crachin s'est installé sournoisement, faisant luire les rues et les trottoirs. Je jette un dernier coup d'œil autour de moi, car j'ai le pressentiment que je vais quitter l'Angleterre, cette fois-ci, et Dieu seul sait quand j'y remettrai les pieds. J'avoue que ces quelques heures passées au Royaume-Uni me donnent l'envie d'y revenir un jour.

Je pousse la porte et entre, accompagné du sempiternel concert de clochettes. Encore une fois, on me dévisage comme si j'avais la lèpre. Soulagé de me voir arriver, Serge me dit :

— J'ai discuté avec Penny sur Facebook. Tes parents commencent à se poser des questions... T'as trouvé l'étiquette ? Y a-t-il un code-barres ?

— Oui, j'ai fouillé dans un tas de cheveux et d'acariens de touristes, mais je l'ai !

— Génial ! Je pars après toi. J'ai hâte de voir où on va atterrir. T'es sûr que ton chandail n'est pas fabriqué au Cambodge, au moins ?

— Non, non. Allez, laisse-moi la place !

— T'oublies le banjo, dit Serge en le mettant sur mes genoux. Tiens-le bien.

— OK, à tout à l'heure !

27

J'atterris sous le regard complètement sidéré de deux employées qui travaillent au comptoir-caisse du magasin de vêtements. Dès mon arrivée, je me précipite à l'extérieur du commerce avant que les deux caissières puissent réagir. Je suis heureux de constater que je me trouve bel et bien sur le boulevard qui traverse ma municipalité. Tout en reprenant mon souffle, je me précipite vers le trottoir. J'aperçois les deux filles qui se tiennent dans la porte et qui m'observent, les yeux ronds et le téléphone portable à l'oreille.

Tant mieux, cette diversion permettra à Serge d'arriver plus discrètement, puisque les deux employées ont quitté la caisse. Mon ami ne se fait pas attendre, il apparaît derrière elles et sort lui aussi précipitamment du magasin.

— Tu vois, on est au bon endroit ! dis-je à Serge, très fier de moi.

— Tant mieux. Figure-toi que je n'avais pas tellement envie de faire le tour de la planète, répond-il en se préparant à traverser le boulevard.

— Réalises-tu à quel point c'est extraordinaire ? Grâce à la souris, on va pouvoir se promener un peu partout sur la terre, gratuitement et instantanément. Tu crois que c'est à cause des matériaux pour astronautes que tu as utilisés ?

— Peut-être… en tout cas, c'est vraiment fantastique ! Je n'en reviens toujours pas. Mais je ne sais pas si ça va toujours fonctionner, ajoute Serge, songeur. Et puis, on ne peut pas passer notre temps partis à l'aventure.

Soudainement, quelqu'un nous interpelle !

— Hé ! Les petits génies ! Vous suivez des cours de guitare, maintenant ?

Juste au coin de la rue, sur le trottoir d'en face, les deux grands imbéciles de l'école de Serge, flanqués de deux autres crétins, nous dévisagent, l'air provocateur. Serge et moi prenons la fuite à toute vitesse, ne voyant pas d'autre solution pour éviter nos ennemis.

— C'est ça, les fi-filles… Courez ! On se reverra bientôt, et vous nous jouerez de la belle petite musique ! HA HA HA !

Heureusement, notre fuite nous a permis de semer nos adversaires, tout en nous rapprochant de chez nous. Tant mieux, car Serge et moi n'avions aucune envie d'avoir à confronter ces idiots aujourd'hui, ni un autre jour, d'ailleurs. Nous en avons déjà plein les bras avec le banjo et notre incroyable aventure. Je profite de ces quelques minutes de répit pour aborder avec mon ami le sujet de la discrétion.

— À propos, Serge, je pense qu'il est absolument indispensable qu'on ne parle de ce pouvoir incroyable à personne.

— Tu crois ?

— Si on arrive à répéter cette expérience, cela signifie qu'il n'y a plus aucune limite aux missions que l'on peut accomplir.

— N'exagère pas, quand même.

— Imagine un peu si les services secrets en venaient à apprendre cela. Ils voudraient obtenir la souris par tous les moyens...

— Ou nous envoyer faire toutes sortes de missions dangereuses, comme aller réparer un satellite en orbite ou dénicher la planque de terroristes célèbres, ajoute Serge, songeur.

— Même chose pour les médias. Mis au courant, les journalistes ne nous laisseraient plus jamais en paix. Je n'ose imaginer la quantité de questions auxquelles il faudrait répondre. Notre vie en serait complètement bouleversée !

— T'as raison, Ren. Il vaut mieux garder le secret, à part peut-être pour Penny. De toute manière, je suis sûr qu'elle se doute de quelque chose.

— Pas question de lui en parler ! Dans deux jours, tout le quartier serait au courant. Je sais qu'elle te plaît, Penny, mais trouve une autre façon de l'impressionner, si c'est ce que tu recherches, dis-je d'un ton qui se veut autoritaire.

Serge me regarde bizarrement. Il a l'air coupable, comme s'il s'était fait prendre à tricher, à l'école. Nous interrompons soudainement notre marche, car nous sommes presque arrivés à destination. J'insiste :

— Quoi, qu'est-ce qu'il y a ? T'es pas d'accord ?

Manifestement, Serge cherche à éviter mon regard et essaie de changer de sujet.

— Regarde, justement, il y a un attroupement devant chez nous ! s'exclame-t-il.

En effet, mes parents sont dehors avec ma sœur. Ils discutent avec la mère de Serge et celle de Penny. Cette dernière est là, aussi, et nous a sans doute aperçus, puisqu'elle se dirige vers nous, Pepper sur les talons. Il ne me reste que quelques secondes pour pousser Serge aux aveux.

— Tu lui as tout raconté, c'est ça ?

— Non, pas vraiment, je ne lui ai rien dit.

— Alors, elle a deviné toute seule, c'est ça ?

— Chut ! Elle arrive ! se contente de répondre Serge en avançant vers elle.

Essoufflée, Penny nous explique rapidement :

— Vos parents vous cherchent. Pour vous aider, j'ai inventé que vous m'aidiez à retrouver Pepper qui avait disparu. Je l'avais caché dans la chambre aux fournaises, au sous-sol. Et puis, comment ça s'est passé à Liverpool ? demande-t-elle avec un large sourire.

28

Je ne peux rien faire d'autre que foudroyer Serge du regard. Celui-ci s'esquive en engageant la conversation avec nos parents, qui sont venus à notre rencontre. J'aurais vraiment souhaité une arrivée plus discrète.

— Bon, vous avez retrouvé Pepper, finalement ! dit Serge, en s'agenouillant pour caresser vigoureusement le petit chien tout émoustillé de se retrouver au centre de l'attention.

Mon père répond, heureux de se porter volontaire comme porte-parole du voisinage :

— On l'a cherché partout ! Et vous, vous étiez rendus drôlement loin... Un peu plus et c'est votre disparition qu'on aurait eu à signaler...

Son attention se porte ensuite sur le banjo, que je tente pourtant de dissimuler derrière mes jambes. Effort totalement vain, d'ailleurs, et je n'ai d'autre choix que de l'exhiber, en essayant encore une fois d'inventer une histoire plausible. Décidément, mon imagination est mise à l'épreuve, ces jours-ci.

— Euh… on a trouvé un banjo !

Serge ajoute, empressé de donner un peu de crédibilité à notre histoire :

— Oui, en cherchant Pepper, on est tombés sur ce vieux truc sans valeur…

Évidemment, ma mère me fait des reproches :

— Renaud, je t'ai texté à plusieurs reprises ! Où étais-tu, pour l'amour du ciel ? À quoi bon t'offrir un téléphone si tu ne te donnes pas la peine de répondre à mes messages ! D'ailleurs, cet instrument appartient sûrement à quelqu'un, il faudrait essayer de retrouver son propriétaire…

— Mais non, voyons, maman ! On l'a trouvé dans un tas d'ordures, dans une ruelle à l'arrière d'un immeuble du boulevard Michelle-Labelle[20]. Tu vois bien que c'est une antiquité poussiéreuse. Et puis, mon cellulaire était fermé ; j'économise la batterie.

Mon père a déjà saisi le banjo et s'amuse à jouer n'importe quoi en chantant n'importe comment. À s'exécuter ainsi sur le trottoir devant les voisines,

---

20. *Michelle* est le titre d'une chanson des Beatles parue en 1965 sur l'album intitulé *Rubber Soul*. Le refrain est en français et va comme suit : « Michelle, ma belle, sont des mots qui vont très bien ensemble. »

il se comporte exactement comme Pepper, qui sautille encore de gauche à droite. J'ai tout juste le temps de lui arracher l'instrument des mains avant que les cordes usées ne lui sautent au visage.

— Donne-moi ça ! dis-je, offusqué par le manque de respect qu'il témoigne à notre trésor déguisé en ordure.

J'ajoute :

— Nous allons essayer de le vendre... on pourrait peut-être en obtenir quelques dollars, après l'avoir nettoyé.

Papa poursuit :

— C'est vrai, il y a peut-être un brocanteur ou un collectionneur intéressé par cette vieillerie. J'ai un collègue qui...

Ma mère l'interrompt, pour clore la conversation :

— Certaines personnes jettent vraiment n'importe quoi... Allez, Renaud, va te changer, on doit aller chez l'orthodontiste. T'avais pas oublié, tout de même ?

Je rentre donc, escorté de toute ma famille, sans saluer Serge ni Penny, qui restent tous deux plantés sur le trottoir, comme enracinés dans le béton. Je ne sais plus quoi penser d'eux. J'essaie de mettre de l'ordre dans mes idées en enfilant un autre chandail.

J'ai posé l'instrument de musique sur la chaise qui me sert de panier à linge sale dans le coin de ma chambre. On dirait que le banjo m'observe de son œil unique percé en son centre. Comme un cyclope qui aurait des choses à raconter, mais qui n'a plus de voix pour le faire. C'est triste, un instrument muet depuis plus d'un demi-siècle.

Par la fenêtre, je jette un coup d'œil à la rue. Serge, Penny et Pepper s'y trouvent toujours. Serge et Pepper, comme dit Penny. Encore un rappel d'un titre d'album des Beatles. En plus de ma petite sœur qui se prénomme Éléonore, comme celle qui dort au cimetière de Woolton et qui est restée gravée dans la pierre, comme dans l'imaginaire de Lennon et celui de toute une génération d'admirateurs.

S'agit-il de coïncidences ? Étais-je prédestiné d'une manière quelconque à entrer en contact avec cette légende ? Dans ce cas, sera-t-il le seul personnage de l'au-delà, le seul « Audelien » à me confier une mission ?

Et que faire avec Penny ? Je suis sûr que Serge l'a mise au courant d'une façon ou d'une autre. C'était pour lui une occasion en or de se valoriser auprès d'elle. C'est vrai que c'est tentant de tout raconter quand il nous arrive une aventure aussi extraordinaire. C'est d'autant plus difficile de garder un secret avec une personne qu'on aime, car on a tendance à lui faire confiance même les yeux fermés.

Quoique, après tout, Penny est peut-être justement digne de confiance. Elle nous a bien couverts, cet après-midi, en inventant la disparition de Pepper pour camoufler notre petite escapade intercontinentale. Et puis, elle nous a fort bien épaulés dans notre mission, en faisant la sentinelle pour faciliter notre retour.

Bref, je suis même en train de me demander si, après tout, nous pourrions lui faire confiance et même l'intégrer dans nos plans, à l'avenir. Si, bien sûr, l'occasion se représente. Ma mère m'appelle :

— Renaud ! Dépêche-toi ! On va arriver en retard !

Bon, l'orthodontiste, maintenant ! Je n'ai même pas le temps d'ouvrir l'application pour annoncer à Lennon que j'ai réussi à rapporter son banjo. Après tout, quoi de mieux qu'un cabinet de dentiste pour terminer une telle journée !

29

De retour chez moi, je me vautre sur mon lit sans prendre la peine de me déshabiller. J'ai la douloureuse impression de m'être fait poser des broches par nul autre que Mohammed Ali, qui n'aurait pas pris la peine de retirer ses gants de boxe ! Dcux heures la bouche ouverte comme si je devais gober tout entière la lampe qui a éclairé mes amygdales pendant la durée du combat. Résultat : je suis complètement K.-O., vautré sur l'édredon, priant pour que les comprimés antidouleur fassent effet au plus vite. Heureusement, je sens que je m'endors, épuisé par cette longue, longue journée que je ne suis pas près d'oublier.

J'ai dormi toute la soirée et toute la nuit. C'est Jules qui me réveille, égoïstement intéressé à se remplir la panse. La sensation horrible d'avoir concassé de la pierre avec ma bouche me revient dès que l'anesthésie du sommeil me quitte. Délicatement, je passe la langue sur mes dents, comme pour constater les dégâts. Comment vais-je faire pour m'habituer à toute cette quincaillerie buccale ?

Je me lève finalement et cherche sur ma chaise un vêtement à enfiler. Je constate alors avec stupéfaction que le banjo a disparu ! Instantanément, ma bouche endolorie s'assèche et mon cœur s'accélère. Horrifié, je dégringole l'escalier, espérant retrouver le précieux instrument quelque part dans la maison.

À la cuisine, je trouve mon père assis à table, sirotant un café, un journal déployé devant lui. Sans plus attendre, je lui demande, sur un ton désinvolte pour essayer de dissimuler mon angoisse :

— Salut, Papa ! Tu n'aurais pas vu le banjo ?

— Si je l'ai vu ? Encore mieux, mon gars, je l'ai vendu !

— Vendu ?!

Il m'aurait annoncé que je dois me faire amputer les deux bras et les deux jambes que je ne me serais pas senti autrement. Et comme pour tourner le fer dans la plaie, il ajoute, tout heureux :

— Pour cinquante dollars ! Pas mal, hein, pour un déchet ? C'est ce qu'on appelle du recyclage lucratif, mon fils. Alors, t'es content ?

C'est à peine si j'arrive à articuler, combattant la douleur de mes membres fraîchement amputés et celle de mes dents ligotées entre elles par du fil barbelé.

— Vendu ?! Quand ça ?! À qui ???

— Hier soir. Tu te souviens de mon collègue, Charles Vincelette ? Eh bien, figure-toi que pendant que tu étais chez le dentiste... Au fait, comment ça s'est passé avec les broches ? Montre, pour voir...

Je lui fais un super sourire « heavy metal », tout en l'incitant à poursuivre :

— Et ton collègue ?

— Ah oui ! Eh bien, je me suis rappelé qu'il affectionne particulièrement les instruments à cordes. Tu devrais voir sa collection ! Ses murs en sont pleins ! Des violons, des mandolines, des ukulélés, des balalaïkas...

Je n'en peux plus de l'entendre énumérer les sortes de baklavas[21] qui décorent les murs de son collègue. Je veux savoir au plus vite ce qu'il est advenu du banjo ! Il m'énerve tellement avec son verbiage que je me retiens de lui hurler par la tête et j'arrive, au prix d'un immense effort, à lui demander patiemment :

---

21. Un baklava est une pâtisserie orientale. Renaud confond ce mot avec « balalaïka », qui est un instrument à cordes russe.

— Il l'a acheté ?

— Oui ! Et il vient le chercher ce soir. Je l'ai mis dans le bureau. Il faudrait tout de même que tu le nettoies avant qu'il arrive. Je ne sais pas d'où il sort, mais disons qu'il a sérieusement besoin d'un coup de plumeau.

Soulagé, je me précipite dans le bureau pour m'assurer que l'instrument s'y trouve et je recommence enfin à respirer normalement. Il ne me reste qu'à trouver une excuse pour ne pas le vendre à ce collègue et forcer mon père à annuler la transaction.

Qu'est-ce que je vais bien pouvoir inventer encore ? Je commence sérieusement à manquer d'imagination. Et puis, il faut absolument que je contacte John Lennon. Il m'avait mentionné un concert au profit d'une œuvre quelconque qui doit avoir lieu bientôt. Je dois me renseigner comme il faut afin que le banjo aboutisse au bon endroit. Dire qu'un peu plus et il se retrouvait accroché au mur d'un vieux psy barbu, qui écoute sans doute des disques vinyle classiques en époussetant des violoncelles fendillés. Heureusement que le carnet se trouve toujours dans la poche de mon pantalon. Je dois aussi demander au musicien ce qu'il veut que j'en fasse.

On sonne à la porte. J'entends Éléonore qui ouvre et quelques secondes plus tard, Serge et Penny font irruption dans le bureau. Mon ami ne perd pas une seconde et décide de passer aux aveux. Visiblement mal à l'aise, il me dit :

— Elle est au courant, Renaud.

30

— Tu m'avais pourtant juré que tu ne lui avais rien dit !

— C'est vrai en partie, car j'ai *chaté* avec elle au pub, pendant que je t'attendais, donc je ne t'ai pas vraiment menti quand je t'ai expliqué que je n'avais rien *dit*...

Penny ajoute, pour venir en aide à Serge qui ne semble guère s'amuser à jouer sur les mots.

— De toute manière, je voyais bien qu'il y avait quelque chose d'anormal à votre disparition. Aussi, j'avoue que j'avais eu le temps de lire un peu sur l'écran, l'autre jour.

Bon, je m'en doutais. Tout ce qu'il me reste à faire, maintenant, c'est d'espérer qu'elle comprendra l'importance de se taire au sujet de nos capacités spéciales... Je clarifie cela immédiatement avec elle :

— Penny, il faut que tu jures de garder cela secret, et pour toujours ! dis-je en essayant d'être convaincant. Tu comprends ?

Serge veut se faire rassurant :

— Je lui ai tout expliqué. Tu peux lui faire confiance, n'est-ce pas, Penny ?

— Oui, confirme-t-elle, souriante. Et puis, Pepper et moi on peut vous aider à trouver des alibis, quand vous n'êtes pas là, comme on l'a fait hier. N'est-ce pas, Pepper ? dit-elle en s'adressant au terrier, occupé à mordiller des fils électriques sous le bureau.

Je hoche la tête, un peu plus rassuré. J'en profite pour la remercier :

— C'est vrai. Au fait, merci ! C'était bien pensé, la disparition de Pepper. Bon, donc, on est trois à présent dans le secret. Alors écoutez-moi bien, tous les deux.

Je prends un air important pour spécifier :

— Nous sommes trois et nous resterons trois, ni plus, ni moins, tant que dureront les pouvoirs. D'accord ?

— OK ! affirment les deux autres d'une même voix.

Je leur explique le nouveau problème de mon père qui se mêle de mes affaires, en espérant qu'en équipe nous pourrons trouver une solution. Serge commence par dire :

— On pourrait expliquer au collectionneur que tu as choisi de le garder, pour éventuellement prendre des leçons de musique.

Penny l'interrompt :

— Non, ton père ne te croirait pas. J'ai une meilleure idée : on va dire que ma mère t'offre cent dollars pour l'instrument, car elle va le remettre à neuf et le revendre plus cher à son amie qui enseigne la musique et loue des instruments à ses élèves.

Je ne peux pas m'empêcher d'acquiescer. Mon père aime bien la mère de Penny, et il sait qu'elle manque d'argent. Il devrait logiquement lui donner priorité sur son collègue. Je vais donc de ce pas m'entretenir avec lui, tandis que Serge s'affaire à rebrancher ma souris, dont la prise est quelque peu tordue après avoir été arrachée à deux reprises.

J'explique donc la situation à mon paternel, maintenant affairé à résoudre un sudoku. Heureusement, celui-ci semble gober mon explication comme du petit-lait et est d'accord pour décommander son ami.

J'espère seulement que le collectionneur ne va pas surenchérir. Il sera difficile de refuser une somme plus généreuse sans éveiller les soupçons. Mon père a eu la bonne idée de me préparer un genre de *smoothie*, que j'avale en guise de déjeuner.

À mon retour dans le bureau, Serge est penché sur son cellulaire.

— J'ai beau essayer de trouver Lennon parmi mes correspondants, mais ça ne fonctionne pas. C'est clair qu'il y a quelque chose de spécial avec ton appareil.

Nous nous installons tous les trois sur le sofa et j'ouvre l'application, curieux de voir si mon célèbre Audelien me parlera. Nous sommes très excités de voir ces lignes apparaître à l'écran :

Alors, Renaud. Ç'a été comme tu voulais ?

Un peu compliqué, surtout pour le retour… Mais j'ai le banjo, c'est l'essentiel. Que dois-je en faire, maintenant ?

Voilà. L'idéal, c'est que tu remettes l'instrument à Paul McCartney. Il est l'un des seuls qui sauront l'identifier, car il le connaît. Et puis, t'as remarqué l'inscription à l'arrière du manche ? C'est sûr que Paul le reconnaîtra. Dis-lui que je veux qu'il le dépose aux enchères qui auront lieu à New York, le 8 décembre prochain, pour l'anniversaire de ma mort.

Mais… comment voulez-vous que je rencontre McCartney ? Il faudrait que je retourne en Angleterre, et il est sûrement entouré de gorilles avec un micro derrière l'oreille !

Justement, il donne très bientôt un méga concert en plein air à New York. Dès que je connais les détails de son itinéraire, je te les communique. Tu pourrais le rencontrer à son hôtel ou après le concert. Il va souvent au même restaurant.

Je suis très hésitant. Ça me semble encore une mission impossible. Pourquoi McCartney prendrait-il le temps de m'écouter, alors que des milliers d'admirateurs rêvent de l'aborder lors de ses tournées ?

Et il acceptera de me parler ? Il est encore une très grande vedette, vous savez…

Bien sûr… Nous avons eu quelques différents, à l'époque de la dissolution des Beatles… J'étais très amoureux de Yoko, et mes objectifs avaient changé. Mais nous serons toujours soudés par la profonde amitié qui nous unissait à l'époque des Beatles. Sois tranquille. Le banjo te servira de laissez-passer.

Et c'est quand, ce concert?

Bientôt. La semaine prochaine, je crois. Je t'enverrai les instructions et un code-barres pour te rendre sur place.

Et un pour revenir aussi, s'il vous plaît. Vous aviez oublié ce détail, la dernière fois… et puis, il y avait un calepin avec le banjo. Il contient des bouts de phrases, des dessins, des rimes. Dois-je le remettre aussi à McCartney?

Garde-le. Ce sont des notes que je prenais pour mes compositions futures. Ça te fera un souvenir de cette mission. Pour ce qui est du retour, je voulais voir si tu arriverais à te débrouiller. Tu sais, il y a plein de personnes ici qui vont peut-être avoir besoin de tes services, à l'avenir. Il fallait que je puisse vérifier ton efficacité pour pouvoir te recommander…

Il semble maintenant clair que ma vie sera dorénavant ponctuée de missions et d'aventures tout aussi imprévisibles que rocambolesques. Cette première aventure n'est même pas encore terminée que Lennon m'en fait miroiter d'autres. Je pense que le moment est propice de lui parler de Serge et de Penny. Je tape :

> Je dois vous avouer que j'ai eu de l'aide, pour le voyage. Mon ami Serge m'a même rejoint là-bas, à Liverpool. D'ailleurs, c'est lui qui m'a offert la souris et l'étui de téléphone pour mon anniversaire.

Serge prend mon cellulaire et tape :

> Bonjour, monsieur Lennon, je suis content de vous connaître.

Il hésite quelques secondes puis ajoute :

> Félicitations pour votre musique. Vous avez vraiment marqué toute une génération, surtout avec vos manifestations pacifistes et certaines de vos révélations…

Merci, Serge. C'est vrai, j'ai même mis les Beatles dans l'embarras quand j'ai dit à un journaliste britannique que notre groupe était plus populaire que Jésus Christ… Oups…

Serge ne trouve rien d'autre à écrire que :

Ah bon ?

Cela a créé un tollé épouvantable, surtout aux États-Unis. Il y a eu des manifestations, au cours desquelles on brûlait nos disques… Avec du recul, je pense que je me suis mal exprimé, je ne voulais manquer de respect à personne. Mais aussi, je dois admettre que j'ai toujours aimé la controverse et la provocation. Déjà, à l'école secondaire, je me faisais régulièrement mettre à la porte pour mon impertinence. Même adulte, j'avais gardé ce petit côté provocateur. J'espère que mes *fans* ne gardent pas de mauvais souvenirs de moi.

Cette fois, c'est Penny qui s'immisce dans la conversation :

Oh non, pas du tout ! On se souvient surtout de vous pour vos manifestations pour la paix. Ma grand-mère m'a raconté qu'elle a participé en 1968 à un rassemblement d'un million de jeunes qui ont chanté *Give Peace a Chance*[22] en chœur, devant la Maison-Blanche, à Washington. Il paraît que le président Nixon était assez embarrassé. Au fait, je me présente, je suis Penny, l'amie de Renaud et de Serge. *I speak English, also*.

L'ex-Beatles audelien semble hésiter quelques secondes, puis l'inscription suivante s'affiche à l'écran :

Ça me fait chaud au cœur de voir que des jeunes de votre génération connaissent ces faits. D'autant plus que c'est encore très actuel de lutter contre les guerres. On dirait que l'humanité n'apprend pas vraiment de ses erreurs. Dommage ! Je vous envoie les nouvelles instructions dès que je connais les détails. Justement, la vente du banjo pourra rapporter de l'argent pour les enfants victimes des conflits armés, en attendant que ceux-ci cessent une fois pour toutes. Je vois trop souvent des gens très jeunes qui arrivent ici prématurément, justement à cause d'une guerre ou d'un attentat terroriste. Alors, à bientôt à tous les trois !

---

22. Cette chanson est la première que Lennon a enregistrée en solo dans le contexte de sa lutte contre la guerre du Vietnam. L'enregistrement s'est fait à Montréal, dans la désormais célèbre chambre 1742 de l'hôtel Reine Élizabeth de Montréal lors de son fameux *bed-in* avec son épouse, Yoko Ono.

31

Comme promis, j'ai reçu les instructions de Lennon quelques jours plus tard. J'ai fait un autre voyage virtuel, pour New York, cette fois-ci. J'ai apporté le carnet qui se trouvait avec le banjo. Bien entendu, je l'ai examiné d'un bout à l'autre au cours des derniers jours. J'ai été obligé d'admettre qu'il ne contenait pas grand-chose d'important. Seulement quelques dessins, fort bien réalisés par ailleurs, et quelques phrases décousues... peut-être des vers ou des mots glanés çà et là au gré de son imagination. C'est peut-être égocentrique de ma part, mais ma correspondance avec ce grand homme m'a tellement marqué que je suis vraiment très heureux de garder un objet en mémoire de lui. Ne serait-ce que pour me prouver à l'occasion que cette aventure extraordinaire est réellement arrivée et que je n'ai pas rêvé toute cette histoire.

J'ai donc atterri un soir d'août quelque part à New York, « la ville qui ne dort jamais ». Je suis tombé derrière le comptoir d'un restaurant huppé de la mégapole. Personne ne m'a vu arriver, puisque tous les employés tournaient le dos au comptoir pour accueillir la star. On dirait que, de là où il se trouve, Lennon planifie soigneusement mes arrivées, car je remarque que mes atterrissages surviennent généralement au moment propice.

Je me suis présenté à Sir Paul dès qu'il a eu terminé de manger son entrée d'artichauts farcis. C'est vrai qu'il est végétarien. Il a eu l'air tellement surpris quand je lui ai tendu le banjo ! Il l'a immédiatement saisi et retourné en tous sens. Puis, il a passé ses doigts sur les initiales gravées derrière le manche : J.S.L... Julia Stanley Lennon.

Ensuite, il s'est adressé à moi, qui venais soudainement de prendre énormément d'importance à ses yeux maintenant tout humides. Il s'est exclamé :

— Le banjo de John ! Mais où donc as-tu déniché ce trésor ? Je n'avais pas vu cet instrument depuis des siècles ! Je me demande même si John savait où il se trouvait.

Pour éviter de répondre à sa question, je lui ai plutôt déclaré :

— Il vous admire beaucoup et a confiance en vous. Il souhaite que vous remettiez l'instrument à sa succession, afin qu'il soit vendu au mois de décembre et que tout l'argent serve à venir en aide aux enfants victimes des guerres.

Que j'aie parlé de Lennon au présent ne semble pas avoir surpris la méga star. Sir Paul a plutôt serré l'instrument sur son cœur et m'a dit simplement que je pouvais compter sur lui. Au moment de m'éclipser, j'ai vu tant de nostalgie dans son regard brumeux que j'ai compris à quel point les deux musiciens avaient été en symbiose et combien la disparition soudaine de John avait été difficile pour Paul.

Je suis revenu chez moi quelques minutes plus tard par le chemin virtuel, qui commence à devenir presque habituel à mesure que je l'utilise avec succès.

Puis, l'été a passé rapidement. Les longues journées chaudes se sont petit à petit métamorphosées en jours plus courts, rythmés par les rituels liés à la rentrée scolaire. Bien sûr, les entraînements matinaux à la piscine ont repris, avec plus de rigueur que jamais. Pour finir, au grand désespoir de Serge, Penny s'est fait un copain : un gars de quinze ans qui fréquente son école. Je pense que Serge vit une première grande peine d'amour. C'est assez cruel, puisqu'il ne sortait même pas avec elle. Mais je sais qu'il l'aime beaucoup. Tant pis. Même Pepper se sent négligé, le pauvre. Régulièrement, je vois mon ami qui promène le chien de Penny, devant la maison, parmi les feuilles mortes qui s'enfuient devant leurs cœurs meurtris. Ils ont vraiment l'air de faire partie du *Serge and Pepper Lonely Heart Club Band*[23] !

Pendant ces longues semaines, j'ai essayé à plusieurs reprises de correspondre avec mon Audelien préféré, en vain. Je me suis donc contenté d'entretenir des conversations plutôt anodines avec mes amis et quelques correspondants étrangers, mais je dois avouer qu'il me manque. J'ai réalisé, au cours de cet été si étrange, combien Lennon était un être profond, un grand artiste fauché beaucoup trop tôt alors qu'il avait encore tant à dire, tant à accomplir. J'ai pris le temps de me renseigner davantage à son sujet, cet automne, et j'en ai appris un peu plus sur sa vie.

John Winston Lennon est né en pleine violence, en 1940, pendant les raids aériens d'Hitler sur

---

23. Traduction de *Sgt. Pepper's Lonely Hearts Club Band* : Fanfare du club des cœurs solitaires du sergent Poivre. Il s'agit du titre du huitième album des Beatles, sorti le 1er juin 1967 et considéré par les experts comme l'un des albums les plus influents du vingtième siècle. *Sgt. Pepper's Lonely Hearts Club Band* est également le titre d'un film et d'une chanson qui figure sur l'album du même nom.

Liverpool. Sa vie s'est achevée d'une manière aussi brutale quand toute la folie de Mark Chapman, un individu déboussolé, s'est dirigée contre lui le soir du 8 décembre 1980, sous le porche du Dakota Building.

Lennon a consacré sa vie à scander haut et fort des messages de paix, parce qu'il espérait que celle-ci succéderait nécessairement à la violence. C'est comme si ces deux extrêmes formaient un tout : violence et paix, les deux côtés d'une même médaille, l'alpha et l'oméga, le début et la fin d'un cycle interminable.

Plus je me renseigne à son sujet, plus je constate que Lennon était un grand esprit, un génie troublé, parfois triste, parfois heureux, toujours à la recherche d'un idéal ou d'une façon de repousser les limites de son imaginaire. Comme Bob Dylan et quelques autres, il s'est fait le porte-parole de sa génération. Une génération qui croyait possible de changer le monde… *Peace and Love*, disaient-ils.

C'était une époque à la fois troublante et excitante. Plusieurs jeunes de la fin des années 1960 ont adhéré à la philosophie hippie. « Faites l'amour, pas la guerre ! » était leur slogan. Beaucoup ont abandonné leurs études et quitté le confort familial afin de signifier leur rejet des valeurs traditionnelles et du conformisme de la génération précédente. Ils voulaient vivre librement, sans contraintes ni responsabilités. Les plus extrémistes d'entre eux ont formé des communes et travaillaient ensemble à cultiver la terre. Ils vivaient dans des communautés basées sur le partage et la mise en commun des ressources.

Les drogues de toutes sortes étaient populaires. Leurs effets dangereux pour la santé étaient peu connus à l'époque. Beaucoup de hippies consommaient de la marijuana et des substances hallucinogènes. Certains jeunes ont gâché leur vie à cause de leur toxicomanie. Les décès par overdose n'étaient malheureusement pas rares. C'est le côté sombre de cette période.

Cette philosophie de vie a certainement beaucoup influencé l'écriture de Lennon, comme en témoignent les chansons les plus tardives des Beatles.

Aussi, John et Yoko ont beaucoup protesté pour mettre fin à la guerre du Vietnam. Ils ont même fait ériger, sur des immeubles de onze grandes villes du monde, d'immenses banderoles sur lesquelles on pouvait lire : *WAR IS OVER*... La guerre est finie ! Il s'agissait d'un message d'espoir, un cadeau de Noël de la part de John et Yoko. C'était en 1969...

L'année de Woodstock, le fameux concert en plein air, le spectacle de musique rock mythique, qui a duré quatre jours et réuni des milliers de jeunes venus de partout en Amérique. Quelle époque !

La vente aux enchères a donc eu lieu dans le hall du Dakota Building, à deux pas de Strawberry Fields, la place commémorative dans Central Park baptisée en l'honneur de Lennon. Le banjo s'est vendu presque 200 000 $. Une fortune pour un instrument de musique, une goutte d'eau pour aider les enfants de la guerre. Mais je suis content, vraiment content d'avoir contribué indirectement à cette collecte de fonds.

32

J'ai finalement réussi à discuter avec Lennon, ce matin, toujours au moyen de mon cellulaire. Je crois que ce sera la dernière fois, en ce qui le concerne. Il était déjà au courant pour la vente. Je lui ai demandé s'il voyait tout ce qui se passe sur la Terre. Ça m'intrigue, tout de même. Aussi, j'en ai profité pour lui rappeler qu'il m'avait promis de me parler un peu plus de l'au-delà.

Il a hésité un moment, puis m'a posé cette question :

Renaud, as-tu déjà observé le vol des grandes oies à l'automne ?

Oui, quelques fois, mais quel est le rapport avec moi ou le banjo ?

En fait, le banjo était une sorte de test. D'ailleurs, tu as nettement dépassé mes attentes.

Quoi ? Vous m'avez envoyé en mission jusqu'à Liverpool… juste pour voir ?

Non, non, le banjo m'était très cher, et sa vente en a valu la peine. Cependant, nous avons besoin de toi, Renaud, nous avons besoin de ton aide pour quelque chose d'encore plus grand, de plus important.

Il continue à écrire, certainement passionné par ce sujet qui semble lui tenir tant à cœur.

Donc, as-tu remarqué comment elles volent, les oies sauvages ?

Oui… elles volent en formation, en V.

Exactement. Sais-tu pourquoi ?

Euh… non, pas vraiment.

Bon. Vois-tu, il n'y a qu'un seul meneur à la fois dans ce genre de formation. Celui-ci bat des ailes sans relâche. Les oiseaux qui suivent profitent de ses efforts en bénéficiant de l'effet de traînée créé par le meneur. Ils volent à la même vitesse, mais dépensent moins d'énergie que le meneur. Cela vaut pour chaque oiseau dans la file, jusqu'au dernier qui, lui, semble planer presque sans effort, comme un paresseux. Cependant, il se produit quelque chose de fascinant. Après un long moment d'effort intense, l'oiseau de tête se fait remplacer, souvent par le tout dernier, celui qui est le plus reposé. Et le cycle recommence. Les oiseaux migrateurs peuvent ainsi parcourir de très longues distances, grâce à la solidarité dont ils font preuve. C'est un peu la même chose pour nous, Renaud, dans cet univers cosmique. Plusieurs d'entre nous ont travaillé et fait des efforts pour promouvoir la paix et un monde meilleur. Nous y avons cru et avons espéré. C'est à ton tour maintenant de devenir un meneur, en utilisant tes talents et tes capacités. Nous t'aiderons ensuite à transmettre tes connaissances à ton entourage et aux générations futures.

Mais je suis juste un adolescent… pas un prof!

Ne t'inquiète pas. Il ne faut surtout pas sauter d'étape. Bientôt, tu seras prêt à voler à la tête de ton groupe.

C'est impossible, ce que vous dites. Je ne vois pas comment ça pourrait arriver.

Tu dois y croire, Renaud. Nous sommes tous reliés par une énergie cosmique, qui est difficile à décrire. Nous sommes arrivés à une nouvelle étape de l'évolution de l'humanité, un virage à 180 degrés s'impose pour le bien-être de tous les êtres vivants. Ici, nous croyons en une harmonie possible entre l'Homme et la nature au sein de l'Univers infini, et nous avons besoin de bons porte-parole.

Lennon continue avec passion. Ce qu'il explique est fascinant. Néanmoins, je ne suis pas sûr de comprendre ce qu'il attend de moi exactement.

Le moment est venu de mettre les conflits et la soif de pouvoir de côté. Ce sont des cancers qui affligent l'humanité. Il faut apprendre à être équitables et à respecter nos différences.

Pourquoi me dites-vous tout ça ? Et comment savez-vous si je serai un bon meneur ? Est-ce que vous voyez tout ce qui se passe sur la Terre ? Lisez-vous dans nos pensées ?

Non, je ne vois pas tout et je ne sais pas tout ce qui se passe chez vous. Je deviendrais fou, si c'était le cas. Je ne vois que ce qui me concerne directement, quand quelqu'un qui m'aime pense à moi, par exemple. D'ailleurs, les gens que j'aime, ma femme et mes deux fils, Julian et Shawn, sentent que je suis près d'eux, que je suis en eux, depuis ma mort. Cependant, mystérieusement, c'est avec toi seul que j'arrive à communiquer. C'est peut-être à cause de ton téléphone que nous sommes entrés si facilement en contact, toi et moi. Prends-en bien soin, il te sera encore très utile.

Vais-je pouvoir vous reparler ?

On verra. Peut-être. Chose certaine, je t'ai fait une excellente réputation, par ici. Tu sais, il y a plusieurs personnes dans mon entourage qui pourraient avoir besoin de toi... Es-tu curieux de faire leur connaissance ?

Je suis curieux de savoir de qui Lennon veut bien parler. S'agit-il de personnalités connues comme lui ? Est-ce que je vais devoir retourner en mission sous peu ? Est-ce que je vais bientôt retrouver ma vie normale ? Toutes ces questions sans réponses me trottent dans la tête et me laissent perplexe. J'aime bien vivre des aventures imprévisibles, mais je ne veux pas non plus devenir une espèce d'homme à tout faire pour tous les Audeliens qui ont une quelconque mission à me confier ! Je lui réponds néanmoins : « Bien sûr », en espérant que ma prochaine mission soit aussi palpitante que celle-ci.

DISCOGRAPHIE BRITANNIQUE DES BEATLES*

1963	*Please Please Me*
1963	*With the Beatles*
1964	*A Hard Day's Night*
1964	*Beatles for Sale*
1965	*Help!*
1965	*Rubber Soul*
1966	*Revolver*
1967	*Sgt. Pepper's Lonely Hearts Club Band*
1968	*The Beatles*
1969	*Yellow Submarine*
1969	*Abbey Road*
1970	*Let It Be*

* La discographie américaine diffère de celle-ci, car les albums n'ont pas été mis en marché par les mêmes

maisons de disques. Les contenus ont été modifiés, et les années de parution sont différentes. La discographie britannique correspond à ce que les Beatles et leur gérant avaient choisi de faire au départ. Au fil des années, il y a eu plusieurs autres albums issus de différentes compilations ou de concerts, ainsi que plusieurs *singles*, mais ces douze titres constituent leurs albums originaux.

BIOGRAPHIES

Paul McCartney

VIE PERSONNELLE

Paul McCartney voit le jour le 18 juin 1942 à Liverpool, en Angleterre. Il a un frère cadet, Michael, né deux ans après lui. Son père est représentant dans l'industrie du coton et joue de la trompette dans un orchestre jazz. C'est lui qui voit à l'éducation musicale de Paul, lui faisant suivre des cours de piano et l'initiant à différents styles musicaux. Sa mère, Mary, une infirmière, meurt en 1956 des suites d'un cancer. Paul, qui n'a que quatorze ans, est très ébranlé par cette perte et se réfugie dans l'apprentissage de la musique. À cette époque, Elvis Presley est immensément populaire, et c'est grâce à ses chansons que le jeune Paul découvre le rock'n'roll et décide d'apprendre la guitare. Ce n'est cependant pas simple, car il est gaucher.

En 1957, lors d'une fête paroissiale, il fait la rencontre de John Lennon, qui est un peu plus vieux que lui et qui a déjà formé un groupe de musique appelé les Quarrymen. Cette rencontre scelle le destin de ces deux adolescents et change pour toujours le paysage musical. Leur génie créateur respectif est amplifié par leur association et, ensemble, ils créent plusieurs des plus belles mélodies jamais enregistrées.

Paul est sans doute le Beatles préféré des jeunes admiratrices. Il a néanmoins une relation stable avec Linda Eastman, qu'il épouse en 1969. Ensemble, ils ont trois enfants : Mary, Stella et James. Malheureusement, Linda succombe à un cancer en 1998. Paul se remarie quelques années plus tard avec Heather Mills, avec qui il a une fille, nommée Béatrice. Ce mariage prend fin en 2007 avec un divorce très médiatisé. Finalement, Paul se remarie une troisième fois en 2011 avec Nancy Shevell, qui partage toujours sa vie.

PARCOURS PROFESSIONNEL

La vie de Paul change pour toujours avec la formation des Beatles en 1960. Si Paul et John ont une entente pour signer toutes leurs compositions conjointement, plusieurs succès des Beatles sont composés par Paul, comme *Can't Buy Me Love*, *Yesterday*, *Hey Jude* et *Let It Be*. Après la dissolution des Beatles en 1970, Paul et son épouse Linda font paraître ensemble l'album *Ram*. Paul lance aussi un album solo intitulé simplement *McCartney*. Au cours de la décennie 1970, il crée un groupe musical appelé Wings, qui connaît un immense succès, entre autres avec *Band On The Run* en 1973. *Mulls of Kintyre*, un *single* très populaire, paraît en 1977 et fait l'éloge de la région du sud de l'Écosse, où Paul habite avec sa famille.

En 1980, il est évidemment très bouleversé par l'assassinat de John Lennon, à qui il rend hommage dans son album *McCartney II*. Au cours de sa vie, Paul McCartney a reçu de nombreux prix et hommages de toutes sortes. Il a son étoile sur le Walk of Fame à Hollywood et a même été anobli par la reine d'Angleterre en mars 1997. Il porte depuis ce jour le titre de Sir Paul McCartney.

En plus de donner encore des concerts, le célèbre musicien participe à des tournages cinématographiques, comme le film *Pirates des Caraïbes 5*.

Il s'implique aussi activement dans plusieurs causes qui lui tiennent à cœur, comme celle de la défense des animaux, en militant au sein de l'association Pour une Éthique dans le Traitement des Animaux (PETA). Il est aussi l'instigateur du mouvement « Lundi sans viande », afin de promouvoir une alimentation basée sur les végétaux. Il est lui-même végétarien depuis plusieurs années.

Paul McCartney est encore très actif sur la scène musicale, car la musique demeure pour lui un élément indispensable de son existence.

Georges Harrison

VIE PERSONNELLE

Georges Harrison est né le 25 février 1943 à Liverpool, tout comme les autres membres des Beatles. Il est issu d'une famille plutôt modeste. Son père, Harold, est chauffeur d'autobus, et sa mère se nomme Louise French. Ils élèvent leurs enfants, Louise, Harry, Peter et Georges dans une petite maison de quatre pièces du quartier Wavertree. Malgré leur situation financière précaire, Georges se rappelle avoir eu une enfance heureuse. À l'âge de douze ans, il est hospitalisé pendant six semaines à cause de problèmes rénaux. Il profite de ce repos forcé pour apprendre la guitare. Un ami de son père lui donne des leçons, et Georges progresse rapidement. Il fonde même un groupe de *skiffle* avec son frère Peter. Les Rebels ne font qu'une représentation, mais cette expérience encourage Georges à persévérer. Dans l'autobus qui les ramène de l'école secondaire, George et Paul se lient d'amitié en raison de leur passion commune. C'est donc par l'entremise de Paul McCartney que George se joint au groupe de John Lennon, les Quarrymen, en février 1958. Il fait partie de l'aventure des Beatles depuis leurs débuts en 1960.

Il occupe l'important rôle de guitariste solo, et c'est lui qui fait le plus souvent les harmonies lorsque John et Paul chantent. C'est pendant le tournage de leur film *Help !* que son intérêt pour la musique indienne apparaît. Au milieu des années 1960, il introduit la spiritualité dans l'univers musical des Beatles. Ceux-ci font d'ailleurs un voyage en Inde et rencontrent Maharishi Mahesh Yogi, le fondateur du mouvement de la méditation transcendantale. Plus que les autres Beatles, Georges reste tout au long de sa vie très attaché à l'Inde et à sa philosophie hindouiste.

En 1966, il épouse Patty Boyd, qu'il a rencontrée deux ans plus tôt sur le plateau de tournage du premier film des Beatles : *A Hard Day's Night*. Elle devient sa muse pour ses premières compositions et l'accompagne dans ses voyages en Inde. Le couple vit cependant des difficultés et finit par se séparer après quelques années. En 1974, George tombe amoureux d'Olivia Trinidad Arias, qui travaille pour une maison de disques. Ensemble, ils ont un fils, Dhani, qui devient également musicien. Le couple Harrison reste uni jusqu'au décès du célèbre musicien, emporté par un cancer du poumon en 2001.

L'intérêt de George pour la musique indienne et sa spiritualité ont laissé une couleur particulière dans la musique des Beatles. Cette influence se remarque surtout sur l'album *Rubber Soul*, dans lequel Harrison introduit le sitar, un instrument à cordes indien. Plutôt discret dans les premières années du groupe, c'est lors de l'enregistrement du dernier album des Beatles, *Abbey Road*, que le talent de George se fait remarquer le plus. Ses deux chansons *Here Comes the Sun* et *Something*, que John Lennon qualifie lui-même d'une des meilleures chansons du disque, sont remarquables. C'est dans ce dernier disque également que George introduit le synthétiseur Moog, qui est un nouvel instrument à l'époque. Malheureusement, à la fin des années 1960, les relations au sein des Fab Four sont très tendues et l'éclatement du groupe est inévitable.

George Harrison connaît lui aussi une carrière solo après la dissolution des Beatles. Elle est cependant marquée par des hauts et des bas, la critique n'étant pas toujours positive. Par contre, en 1970, son album *All Things Must Pass* se hisse au numéro un du palmarès de nombreux pays et contient plusieurs de ses meilleures chansons, dont *My Sweet Lord*, qui est une des compositions les plus connues de George.

Après le décès de Lennon, il lui consacre une chanson intitulée *All those Years Ago* dans son album *Somewhere In England.* George se sent infiniment triste, car lui et John ne se parlaient plus, et les deux ex-Beatles ne se sont pas réconciliés avant le jour fatidique.

Entre les enregistrements de divers albums qui connaissent un succès inégal, il participe à des spectacles et s'engage dans différentes causes humanitaires. C'est d'ailleurs lui qui organise, en 1971, le premier concert bénéfice de l'histoire du rock, pour le Bangladesh. L'album *Cloud Nine*, qu'il réalise avec Elton John et Eric Clapton, est le dernier qu'il enregistre. Un autre album, *Brainwashed*, sortira à titre posthume en 2002. Ce sera l'album d'adieu de George Harrison, qui est aujourd'hui disparu mais dont l'âme et la créativité vivent encore à travers ses inoubliables mélodies.

Ringo Starr

VIE PERSONNELLE

C'est le 7 juillet 1940, à Liverpool aussi, que naît Richard Starkey, alias Ringo. Il n'a presque pas connu son père, qui quitte sa mère, Elsie, alors que le jeune Richard n'a que trois ans. Ce sont ses grands-parents paternels qui s'occupent de lui lorsque sa mère travaille. Le deuxième mari de celle-ci, Harry, fait connaître à Richard plusieurs styles musicaux et l'encourage à apprendre la musique. Cependant, un peu comme pour George, c'est lors d'un long séjour à l'hôpital pour soigner une pleurésie que le garçon se met sérieusement à s'intéresser aux percussions. Comme il manque l'école pour de très longues périodes à deux reprises pendant son enfance, Richard présente de sérieuses difficultés en classe et est peu scolarisé. C'est pour cette raison qu'il s'exprime parfois d'une drôle de façon, faisant des lapsus et déformant certaines expressions. John trouve cela amusant et appelle ces erreurs des « ringoïsmes » et s'en sert parfois pour des paroles cocasses de leurs chansons. Le titre *A Hard Day's Night* (une soirée de dure journée) en est un parfait exemple. Au sein du groupe, Ringo a la réputation d'être un bon vivant sympathique, au sens de l'humour hors du commun. Son surnom, Ringo, vient du fait qu'il porte plusieurs bagues (*ring* en anglais). Pour son nom d'artiste, il tronque Starkey, ne gardant que la première syllabe.

Ringo est le dernier des quatre musiciens à se joindre au groupe tel qu'on le connaît aujourd'hui. Avec son style un peu loufoque, il devient aussi très populaire. En 1965, Ringo épouse Maureen Cox, une coiffeuse de Liverpool avec qui il a trois enfants : Zak, Jason et une fille prénommée Lee. Il divorce de Maureen en 1975 et épouse l'actrice Barbara Bach au début des années 1980.

PARCOURS PROFESSIONNEL

Après avoir joué de la batterie au sein de deux groupes musicaux, Ringo remplace le premier batteur des Beatles, Pete Best, à la demande de George Martin, leur producteur. C'est en 1962 ; les Fab Four sont enfin réunis. L'intégration de Ringo au sein de la formation se fait cependant progressivement. Au début, les admirateurs du groupe au Cavern Club de Liverpool ne sont pas très contents du changement. Mais rapidement, Ringo devient membre à part entière de la formation et il est très populaire aux États-Unis lorsque la Beatlemania déferle sur l'Amérique du Nord en février 1964.

Ringo n'est certes pas un auteur-compositeur prolifique comme le tandem Lennon-McCartney et n'est pas aussi influencé par la spiritualité hindoue que l'est Harrison. Cependant, il est excellent aux percussions et ses talents d'acteur lui confèrent une place particulière dans les films des Beatles, en particulier dans *A Hard Day's Night*. Ringo interprète tout de même quelques chansons, comme *Yellow Submarine* et *With A Little Help From My Friends*. Il signe aussi des compositions comme *Don't Pass Me By* et *Octopus's Garden*.

Les Beatles cessent de donner des concerts en 1966, après une prestation donnée au Candlestick Park à San Francisco. En effet, ils sont si populaires qu'il leur est presque impossible de jouer devant un public, car les spectateurs ne cessent de hurler. À partir de cette date, ils passeront beaucoup de temps à concevoir de nouvelles chansons qui permettront à Ringo d'atteindre le sommet de son art avec, entre autres, les albums *Revolver* et *Abbey Road*. Sa carrière solo débute pour lui aussi en 1970 avec la dissolution du groupe. Il signe un album intitulé *Sentimental Journey* en hommage à sa mère, puis un autre, *Beaucoup de Blues*, qui connaît un certain succès. En 1973, il réussit à réunir les quatre Beatles pour participer à son album intitulé *Ringo*, au grand plaisir des admirateurs, nostalgiques des Fab Four. Parallèlement à sa carrière musicale, Ringo tourne dans plusieurs films au cours de la décennie 1970. Cependant, sa carrière musicale est en dents de scie et certains de ses albums ne connaîtront pas le succès escompté. Ringo passe par une longue période creuse au cours des années 1980, pendant laquelle il est en proie à de sérieux problèmes d'alcoolisme.

Après une longue cure de désintoxication, il fonde un nouveau groupe musical, le All-Starr Band, formé de différents artistes avec qui il fait des tournées et signe une dizaine d'albums. Encore aujourd'hui, Ringo Starr continue de donner des concerts et il ne semble pas près d'arrêter.

John Lennon

VIE PERSONNELLE

John naît le 9 octobre 1940, à Liverpool, pendant un raid aérien. Son deuxième prénom est Winston, en l'honneur de Winston Churchill, premier ministre de l'Angleterre pendant la Deuxième Guerre mondiale. Son père, Alfred, travaille dans la marine, Liverpool étant une ville portuaire importante. Il quitte sa famille alors que John n'a que cinq ans. Comme sa mère, Julia Stanley, n'arrive pas à l'élever seule, elle confie son fils à sa sœur aînée, « tante Mimi », qui prendra soin de John. Julia aura néanmoins une influence positive sur John en ce qui concerne l'apprentissage de la musique. Elle-même joue du banjo et fait connaître à son fils les musiciens populaires à l'époque.

John est un élève brillant mais indiscipliné, et ses résultats scolaires souffrent de son manque de sérieux à l'école. Il se fait même expulser de l'École des Beaux-Arts de Liverpool où il étudie ; en effet, il est aussi talentueux en dessin qu'en musique. Il décide alors de se consacrer à l'apprentissage de la guitare et forme un groupe de *skiffle*, les Quarrymen. À l'époque, ses idoles étaient Chuck Berry,

Buddy Holly et, bien sûr, Elvis Presley. Lors d'une fête paroissiale, en 1957, au cours de laquelle son groupe fait une prestation sur un char allégorique, John rencontre Paul McCartney, qui est un peu plus jeune que lui. Peu après, Paul lui présente son ami George, un excellent guitariste qui se joint également au groupe. Très rapidement, ils composent conjointement des mélodies incroyables qui deviennent des succès planétaires.

À cette époque, John fréquente Cynthia Powell, qu'il a rencontrée à l'École des Beaux-Arts. Leur fils Julian naît le jour de l'anniversaire de son père, soit le 9 octobre 1963. Cependant, leur mariage ne dure pas et ils divorcent en 1967. C'est une époque très mouvementée pour John. La Beatlemania fait rage aux États-Unis, mais l'attitude de John dérange parfois par son franc-parler ou sa personnalité extravertie et contestataire. Par exemple, en 1966, il déclare à un journaliste que les Beatles sont maintenant plus populaires que Jésus. Ces paroles sont très mal reçues à l'époque, et un boycottage des disques des Beatles est même mis en place. Tout comme George, John s'intéresse aux religions orientales et s'initie à la méditation transcendantale lors du voyage des Beatles en Inde. John épouse la philosophie hippie, abuse de certaines drogues, et son style musical se modifie au gré de ses nouvelles sources d'inspiration.

La rencontre de John avec Yoko Ono, une artiste avant-gardiste japonaise, marque un tournant dans sa vie personnelle et sa carrière musicale. Ils se marient en 1969 et deviennent inséparables. Ils participent à des manifestations pacifistes, font deux *bed-in*, dont un en 1969 à Montréal, à l'hôtel Reine Elizabeth. Ils affichent d'énormes pancartes dans une douzaine de villes pour annoncer *War is over*, afin de protester contre la guerre du Vietnam. Toutefois, Lennon se met les autorités américaines à dos. Celles-ci veulent l'expulser du territoire à cause d'un mandat pour possession de drogue émis contre lui et aussi, sans doute, pour ses propos qui vont à l'encontre des politiques de l'administration du président Nixon. John finit tout de même par recevoir la permission de rester aux États-Unis en 1976. Son fils Sean naît en 1975, et John décide de se retirer de la vie publique afin de passer du temps à la maison avec son enfant. Cinq ans plus tard, il retourne en studio pour enregistrer un nouvel album. C'est en revenant à son immeuble de Manhattan, le Dakota, pour voir son fils avant qu'il ne se mette au lit, que John Lennon se fait lâchement assassiner par un déséquilibré.

C'est le 8 décembre 1980. Mark Chapman vient de commettre l'irréparable. Des millions d'admirateurs de Lennon, cette légende de la musique, sont sous le choc. Le génie rebelle, créateur de certaines des plus belles mélodies jamais enregistrées, est réduit au silence à tout jamais.

PARCOURS PROFESSIONNEL

La carrière de John Lennon commence très tôt. À quinze ans, il fait déjà des prestations avec son groupe les Quarrymen. Puis dès 1961, avec les membres de sa nouvelle formation, les Beatles, il se produit au Cavern Club de Liverpool. Ensuite, ils font des spectacles pendant deux années à Hambourg, en Allemagne. C'est là que les Beatles développent leur aisance sur scène. Au début, Lennon est considéré comme le leader du groupe, car il est un peu plus âgé et expérimenté que les autres musiciens. Il fait preuve de prestance et d'un humour quelque peu décapant qui plaisent au producteur Georges Martin, qui signe en 1962 leur premier contrat. Il se crée entre Paul et John une saine rivalité, qui va les mener à se surpasser et à devenir sans cesse plus originaux et créatifs, au grand plaisir de leurs nombreux admirateurs. Les deux principaux auteurs-compositeurs du groupe s'entendent pour toujours signer de leurs deux noms les chansons qu'ils ont composées. On peut cependant attribuer plusieurs titres uniquement à John, comme c'est le cas de *Girl*, *Strawberry Fields Forever*, *All You Need Is Love*, *Lucy In The Sky With Diamonds*, *Come Together*, pour ne nommer que ceux-là.

L'année 1969 peut être considérée comme une année charnière dans la carrière de John. Rien ne va plus au sein des Beatles, qui continuent néanmoins à travailler sur leur dernier album. Yoko prend beaucoup de place aux côtés de John et passe même ses journées au studio d'enregistrement, ce qui ne plaît pas aux autres membres du groupe. De leur côté, John et Yoko enregistrent des albums de musique expérimentale, qui ne connaîtront qu'un succès mitigé. John écrit la chanson *Cold Turkey*, en référence à ses problèmes d'abus de drogues dures. Après la séparation officielle des Beatles en 1970, il enregistre huit albums, réalisés avec son épouse. La chanson *Imagine* se hisse au premier rang du palmarès, à la fois au Royaume-Uni et aux États-Unis, et se classe au 3e rang des 500 meilleures chansons selon le magazine *Rolling Stone*. Il s'agit d'une chanson qui fait réfléchir, qui fait pleurer et rire, une chanson dont la mélodie et le texte sont en parfaite harmonie, un chef-d'œuvre pour plusieurs mélomanes. Et puis, en 1980, arrive la dernière œuvre enregistrée de son vivant : *(Just Like) Starting Over* qui, paradoxalement, évoque un recommencement alors que la vie de John tire à sa fin… mais peut-être est-ce ainsi qu'il voit les choses, justement, qui sait ?

MARQUIS

Québec, Canada

MIXTE
Papier issu de
sources responsables
FSC® C103567
FSC
www.fsc.org